Norbert Wohlfahrt/Johannes Schillo
Die deutsche Kriegsmoral auf dem Vormarsch

Norbert Wohlfahrt ist Professor i.R. für Sozialmanagement an der Evangelischen Fachhochschule Rheinland-Westfalen-Lippe. Seine Themenfelder sind moderne Gerechtigkeitstheorien, die Folgen kapitalistischer Entwicklung für die soziale Arbeit und Kritik an sozialen Inklusionspolitiken. 2022 erschien von ihm bei VSA: »Revolution von rechts? Der Antikapitalismus der Neuen Rechten und seine radikalpatriotische Moral – eine Streitschrift«.

Johannes Schillo ist Sozialwissenschaftler. Er hat lange Jahre als Autor und Redakteur in der außerschulischen Bildung gearbeitet. Im Jahr 2015 erschien von ihm bei VSA: der Sammelband »Zurück zum Original – Zur Aktualität der Marxschen Theorie«. Letzte Buchveröffentlichung: »Ein nationaler Aufreger – Zur Kritik der Erinnerungskultur« (Ulm 2022).

Norbert Wohlfahrt/Johannes Schillo

Die deutsche Kriegsmoral auf dem Vormarsch

Lektionen in patriotischem Denken über »westliche Werte«

Eine Flugschrift

VSA: Verlag Hamburg

www.vsa-verlag.de

Umschlagfoto: Bundeswehr
Druck und Buchbindearbeiten: CPI books GmbH, Leck
ISBN 978-3-96488-188-5

Inhalt

Teil II: Die wissenschaftliche und publizistische Verurteilung des Krieges: Eine Lektion in vaterländischer Kriegsmoral

Vorwort

Es ist zu erwarten, dass die vorliegende Flugschrift mit dem Urteil, den russischen Angriffskrieg zu relativieren, konfrontiert werden wird. Dieser Befund würde dem Anliegen der Flugschrift nicht gerecht. Im Gegenteil. Er wäre eine Bestätigung unserer Kritik, dass das Desinteresse an der Erklärung der Kriegsgründe einem moralischen Bewusstsein folgt, dass mit seiner Parteilichkeit für den Angegriffenen alle möglichen Gründe dafür in Anschlag bringt, dass dieser Krieg geführt werden muss. Dieser Kriegsmoral wollen wir entgegentreten.

Es macht schier fassungslos, in welcher Geschwindigkeit sich ein Denken breit macht, das den *Feind* besiegen, das Militär als Mittel der *Feindvernichtung* aufrüsten und das nationale Interesse an der *Feindbekämpfung* stärken will. Was gestern noch als undenkbar galt – deutsche Premium-Panzer für einen Krieg gegen Russland – ist heute schon ein bedenkliches Zaudern, weil nicht gleich Kampfflugzeuge mitgeliefert werden, und reibt sich möglicherweise morgen schon an den nächsten »roten Linien«. Jedes Mittel, den russischen Angreifer zunichtezumachen, gilt als legitim und Kritik daran als – mindestens – verwerflich. Der Vorwurf des Vaterlandsverrats liegt in der Luft.

Die Öffentlichkeit und große Teile der Wissenschaft überbieten sich in ihrem nationalen Furor bei der kritischen Begleitung des Regierungshandelns, dessen Maßnahmen immerzu als zu zögerlich, zu mutlos, zu unentschlossen gelten. Dabei wird auch rückblickend den Vorgängern der jetzigen Regierung der Prozess gemacht, da sie in den vergangenen Jahren nichts anderes im Sinn gehabt haben sollen, als Deutschland russischen Interessen auszuliefern.

Die patriotische Moral dieses Denkens und seine kriegsbegeisterten Schlussfolgerungen wollen wir kritisieren. Wenn wir dabei an der ein oder anderen Stelle auf den Philosophen Hegel zurückgreifen, dann nicht, weil wir an alten philosophischen Debatten ein besonderes Interesse hätten. Hegel hat in seiner Auseinandersetzung mit Kant eine Kritik des moralischen Denkens geliefert, die auch heute noch lehrreich ist. Der eitle und selbstgefällige »Subjektivismus«, mit dem der Krieg als Mittel der Politik bejaht, das Militär als Mittel des Krieges unterstützt wird und Staat wie Nation als Mittel der Feindbekämpfung Zustimmung finden, ist Ausdruck einer *Freiheit*, die in der Emanzipation von der Sache, um die es geht, ihren ganz eigenen Bezugspunkt hat.

Dass diese *Freiheit moralischen Denkens* nicht vom Himmel fällt, sondern ihren Grund in den durch Recht und staatliche Aufsicht gesicherten gesellschaftlichen Verhältnissen hat, darauf wollen wir im ersten Teil (Kapitel 3) mit einigen Thesen hinweisen. Die Kriegsmoral ist ohne die dem patriotischen Denken zugrunde liegende Abstraktion von den alles andere als gemeinschaftsdienlichen Verhältnissen nicht zu erklären. Diese sollen allerdings keine Rolle mehr spielen, wenn die Werte von Vaterland und Nation zur Verteidigung anstehen – und man letztendlich hierfür auch Leib und Leben aufs Spiel zu setzen hat.

Die Flugschrift will von daher einen Beitrag dazu liefern, zur Besinnung zu kommen. Mit dem Sieg über Russland (das »diesen Krieg nicht gewinnen darf«) ist ein Kriegsziel definiert, das anspruchsvoller nicht sein könnte. Ob hierfür eine atomare Auseinandersetzung in Kauf zu nehmen ist, wird von den zuständigen Politiker*innen (und von den vielen selbst ernannten Militärexperten in der Öffentlichkeit und am Stammtisch sowieso) als eine Frage der Abwägung, aber keineswegs als ein militärstrategisches No Go gehandelt. Die angeblich wie ein Sachzwang eingetretene »Zeitenwende«, die Militarismus und das Denken in Freund-Feind-Kategorien hoffähig macht und eine patriotische Mobilmachung ohne Wenn und Aber fordert, bedarf der Gegenrede.

Bochum/Bad Godesberg, März 2023

Teil I: Der freiheitliche Westen und sein »völkerrechtswidriger Angriffskrieg«: eine Lektion in patriotischem Denken

1. Einleitung: Eine Kriegspartei, die keine sein will

»So ist das, was von jeher für das Schmählichste und Unwürdigste gegolten hat, der Erkenntnis der Wahrheit zu entsagen, von unseren Zeiten zum höchsten Triumph des Geistes erhoben worden.«
(G.W.F. Hegel, Antrittsrede an der Berliner Universität)

»Wir kämpfen einen Krieg gegen Russland«. Mit diesen Worten[1] vom Januar 2023 sorgte die deutsche Außenministerin Annalena Baerbock bei einer Rede vor der Parlamentarischen Versammlung des Europarats für einiges Aufsehen. Die Bundesregierung reagierte rasch, nachdem es im In- und Ausland Widerspruch gegeben hatte. »Die NATO und Deutschland sind in diesem Angriffskrieg Russlands gegen die Ukraine nicht Kriegspartei«, so eine Regierungssprecherin.[2] »Wir unterstützen die Ukraine, aber wir sind nicht Kriegspartei«, führte sie aus, und mit Blick auf russische Medien, die die Aussage Baerbocks aufgegriffen hatten, er-

[1] Siehe: www.mdr.de/nachrichten/deutschland/politik/diskussionen-aussage-baerbock-russland-krieg-100.html. Die Rede fand noch vor der deutschen Entscheidung für Lieferungen des Leopard-Panzers statt. Nach der Rede wurde gefragt, »was man tun könnte damit aus den großen Worten der Ministerin auch Taten der deutschen Regierung werden«. Baerbock antwortete darauf, es sei wichtig, dass der Westen zusammenhalte, wobei dann auf Englisch der Satz fiel: »We are fighting a war against Russia, not against each other.«

[2] Die stellvertretende Regierungssprecherin Christiane Hoffmann und ein Sprecher des AA laut »Tagesschau«, www.tagesschau.de, 27.1.2023.

klärte ein Sprecher des Auswärtigen Amts: »Die russische Propaganda nimmt immer wieder Äußerungen, Sätze, Haltungen, Positionen der Bundesregierung, unserer Partner, und dreht sie so, dass es ihrem Ziel dient ...«

Im völkerrechtlichen Sinne sei Deutschland dagegen keine Konfliktpartei. »In diesem Kontext muss die Außenministerin verstanden werden«, so der Sprecher weiter. Auch die deutsche Botschaft in Moskau stütze sich auf diese Position: »Die Ukraine dabei mit Material zu unterstützen, ihr in der UNO-Charta verbrieftes individuelles Selbstverteidigungsrecht gegen den völkerrechtswidrigen Angriffskrieg Russlands auszuüben, macht Deutschland nicht zu einer Konfliktpartei.« Zweifel an Baerbocks Positionierung waren allerdings auch bei der Opposition, bei CDU und CSU laut geworden. CSU-Generalsekretär Martin Huber hatte erklärt: »Annalena Baerbock ist ein massives Sicherheitsrisiko für unser Land.« Wer von einer deutschen Kriegsbeteiligung rede, rede Deutschland in einen Krieg hinein. Der CSU-Landesgruppenchef im Bundestag, Alexander Dobrindt, äußerte ebenfalls deutliche Kritik. »Das ist eine beachtliche Fehleinschätzung für eine Außenministerin«, sagte er der »Welt am Sonntag« (27.1.2023): »Baerbock sollte persönlich ihre Aussage dringend korrigieren.« CSU-Chef Markus Söder sprach später sogar vom »Kriegsrausch« der Grünen (»Süddeutsche Zeitung«, 22.2.23).

Die Korrektur ist mit den genannten Statements erfolgt. Die Aussage wurde von der deutschen Regierung so »gedreht«, dass sie ihrem Ziel dient und nicht dem Feind. Inzwischen hat sich die Aufregung gelegt und mit der nachfolgenden Entscheidung des Bundeskanzlers, die Lieferung von Leopard-Panzern freizugeben, ist die längst der Beantwortung zugeführte Frage nach der Rolle Deutschlands als »Konfliktpartei« auf eine andere Ebene – die der Taten und nicht der kriegerischen Worte – gehoben, aber letztlich im selben Sinne wie bei Baerbocks verbalem Vorstoß beantwortet worden: »Wir« ergreifen Partei für den Krieg der Ukraine, Deutschland und die EU tun in ihrem Wirtschaftskrieg per Sanktionen alles, um Russland zu »ruinieren« (Baerbock), aber zugleich bekennen »wir« uns nicht zur Rolle als Kriegspartei!

Was damit für das deutsche »Wir« klargestellt ist, soll im Folgenden Thema sein: Deutschland – und gemeint ist die gesamte Nation, ob deren Mitglieder jetzt Frau Baerbocks Partei gewählt haben oder nicht – steht moralisch ohne Wenn und Aber auf der Seite der Ukraine. »Wir« befinden uns – und der aufgerufene Patriotismus duldet bei diesem Diktum keine Einsprüche – im Krieg mit Russland; »wir« sehen in diesem Staat das Böse verkörpert und ergreifen Partei für das Gute. Diese Haltung ist nicht hinterfragbar, hier ist kein Abseits-Stehen und keine pazifistische oder defätistische Dissidenz möglich. Im öffentlichen Diskurs ist seit der »Zeitenwende« das Bekenntnis zu dieser Linie Zulassungsbedingung. Ablehnung, Distanz oder »Kriegsmüdigkeit« (Baerbock) können nicht toleriert werden. Wo in Medien, Wissenschaft oder Bildung dem neuen sittlichen Imperativ nicht entsprochen wird, entsteht sofort Handlungsbedarf. Beispiele listet diese Publikation auf – ohne Anspruch auf Vollständigkeit. Zugleich will sie die patriotische Moral selber, die ja ihre Konjunkturen im Verlierer- oder Siegerstaat, in Friedens- oder Kriegszeiten hat und die sich in der alten Bundesrepublik bis zur »Wende«, ja bis zum Vorabend des Kosovokriegs 1999, durch einen speziellen Friedensidealismus auszeichnete, auf den Prüfstand stellen.

Da mit dem moralischen Anspruch, bedingungslos auf der Seite der »Angegriffenen« und damit der das Gute verkörpernden Nation zu stehen, die Frage nach den Gründen des Krieges schon als erledigt betrachtet wird, müssen diese noch einmal in Erinnerung gerufen werden. Denn der »Kampf um die Ukraine« begann nicht erst am 24. Februar 2022. Und die Frage, warum dieses Land für den »freien Westen« von so substanzieller Bedeutung ist, dass dafür ein Weltkrieg ins Auge gefasst wird, erklärt sich auch nicht mit dem Verweis auf Putins unersättlichem Hunger nach fremden Territorien. Die Flugschrift möchte hier auf einige für die Erklärung des Ukrainekriegs wichtige Zusammenhänge aufmerksam machen, ebenfalls ohne den Anspruch auf Vollständigkeit.

2. Der Ukrainekrieg und die Mobilisierung patriotischer Moral: Der Kampf Gut gegen Böse

Das Eintreten für Volk und Vaterland, für nationale Werte und patriotische Gesinnung ist angesichts des russischen »Angriffskriegs« zu einer Selbstverständlichkeit erhoben worden, die jedes – die Kriegsbereitschaft relativierende – Engagement für Frieden als untragbaren Moralismus und jedes sachliche Fragen nach den Gründen des Krieges als potenzielle Feindunterstützung wertet. Was jetzt als normal gilt: ein Kanzler, der Panzerlieferungen als Beitrag zum Frieden verstanden wissen will; eine öffentliche Berichterstattung, der angesichts der Gräuel des Krieges gar nicht genug Feindbekämpfung aktiviert werden kann; Journalist*innen, die als Krönung ihrer Berichterstattung das »Innere einer Haubitze« besichtigen wollen; eine politische Wissenschaft, die von der kritisch-affirmativen Analyse des Regierens zur Belobigung staatlicher Kriegsfähigkeit übergeht; und nicht zuletzt ein Volk, das in der Frage, ob die Ukraine Panzer braucht, zwar gespalten ist, die Opfer des gegen Russland geführten Wirtschaftskriegs aber weitgehend klaglos hinnimmt und seiner Regierung – mal mit mehr, mal mit weniger Stirnrunzeln – das immer entschiedenere Vorantreiben der militärischen Auseinandersetzung mit Russland überlässt.

Die *Kriegsmoral*, die Gesellschaft und Öffentlichkeit beherrscht und die in ihrer Parteilichkeit und nationalen Betroffenheitseuphorie jeden Hinweis auf eine sachliche Analyse der kriegerischen Handlungen in der Ukraine als potenziellen Pakt mit den »faschistischen Neoimperialisten« in Russland geißelt, ist keine Sache, die sich von selbst versteht. Und doch ist sie – wenn man den Blick historisch etwas weitet – keineswegs singulär oder ungewöhnlich. Für die Kriegsmoral bedarf es eines Feindes, der bekämpft, besiegt und, falls erforderlich, vernichtet werden soll, und dieser Feind wird durch die Nation und ihre vaterländischen Interessen definiert. Dass solche Feinde, die die Staatenwelt bevölkern, diplomatisch, propagandistisch, geheimdienstlich und dann eben auch militärisch niedergekämpft werden müssen, gehört zu den Selbstverständlichkeiten des nationalstaatlichen Daseins und ist Gegenstand der eifrigen bis eifernden Berichterstattung einer medialen Öffentlichkeit, die – zumindest (kriegs-)moralisch – keine Grenzen mehr zu kennen scheint.

Presse, Funk und Fernsehen messen das nationale Treiben am Maßstab eines ideellen Erfolgs, der die praktizierte Durchsetzung oft genug als halbherzige Angelegenheit, wenn nicht gleich als Versagen der Politik erscheinen lässt. Im Staatenverkehr stellt sich der Erfolg ja auch dummerweise nie endgültig ein, da jeder Friedensschluss den Auftakt für die nächste Runde bildet. Und so kann sich die »kritische Öffentlichkeit« beim gegenwärtigen Krieg gar nicht genug in ihrer ständigen Wachsamkeit selbst belobigen.

Dabei entdeckt die Kriegsmoral – und das gehört zu ihren Selbstverständlichkeiten dazu – nicht nur den Feind in Gestalt eines anderen Nationalstaats, dem es mit Berufung auf unverrückbare Werte entgegenzutreten gilt, sie entdeckt auch den *Feind im Innern*, also vaterlandslose Gesellen, die dem Gegner in die Hände arbeiten und eigentlich ebenso behandelt gehören wie dieser. Ein Sascha Lobo, der die Haare immer schön hat, darf seinen Hass auf »Lumpenpazifisten« öffentlich verbreiten und untermauert ihn mit dem Realitätssinn eines Berliner »Strategieberaters«.[3] Dem Berliner Blogger scheint es »kaum möglich« – so seine Botschaft an die Adresse eines friedensbewegten Bischofs –, »die eigene Ungerührtheit im Angesicht tot gebombter Kinder noch maliziöser zu feiern«.

Der zukünftige Botschafter Deutschlands in Moskau, Alexander Graf Lambsdorff, attackiert die Ostermärsche[4] und verurteilt sie als »eindeutige Interessenvertretung der russischen Po-

---

[3] »Auf der anderen Seite steht ein substanzieller Teil der Friedensbewegung, die ich den deutschen Lumpen-Pazifismus nennen möchte. Es handelt sich dabei um eine zutiefst egozentrische Ideologie, die den eigenen Befindlichkeitsstolz über das Leid anderer Menschen stellt« (Lobo 2022).

[4] »Die Leute, die solche Märsche organisieren, sind eigentlich keine Pazifisten, sondern die fünfte Kolonne Putins«, sagte der stellvertretende Vorsitzende der FDP-Bundestagsfraktion im WDR-Radio. »Sie

sition«. Und ein ehemaliger Maoist und jetziger Anführer eines aus Bundesmitteln finanzierten Instituts zur Verbreitung liberaler, prowestlicher Ideologien nimmt in Anknüpfung an seine vormaligen sozialimperialistischen Fantasien den »russischen Neoimperialismus« aufs Korn und gerät in Rage über die deutschen »Unterwerfungspazifisten«, die dem Feind nicht energisch genug die Stirn bieten.[5]

Der moralische Patriotismus, der das wechselseitige Umbringen von Menschen im Staatsauftrag als Fall einer Unterscheidung von Gut und Böse verbucht und für das Gute Leib und Leben zu opfern bereit ist, bedarf einer Erklärung. Deshalb soll im Folgenden mit einigen wenigen Thesen rekapituliert werden, warum das moralische Bewusstsein im *Erfolg der Nation* seine absolute Lebensgrundlage fundamentiert und mit all seiner patriotischen Parteilichkeit von der Sache, um die es geht, nichts wissen will.

3. Die Grundlage patriotischer Moral: rechtlich gewährte Freiheit in der Konkurrenzgesellschaft[6]

These 1: Der Rechtsstaat gewährt die Freiheit des Subjekts und legt damit zugleich die Bedingungen für dessen ökonomische und soziale Existenz fest. Mit dem Recht ist ein Maßstab gegeben, an

---

versuchen, den Westen zu schwächen und die Ukraine zu diskreditieren« (»Die Welt«, 16.4.2022).

[5] »Deutsche Unterwerfungspazifisten wollen die Ukraine zum Aufgeben bewegen, Kanzler Scholz bleibt unbefriedigend vage. Doch wenn der Westen Putin nicht in der Ukraine stoppt, steht der Frieden in Europa erst recht auf dem Spiel« (Fücks 2022).

[6] Das folgende Kapitel soll Hinweise darauf geben, wie das moralische Denken zu einer Gesellschaft gehört, in der gegensätzliche ökonomische Interessen durch das Recht geregelt und in ihrer Verlaufsform bestimmt werden. Diese Hinweise erscheinen uns nötig, weil der Tatbestand, dass Menschen bereit sind, für ihr Vaterland zu sterben, ja zunächst einmal in einem zu erklärenden Widerspruch zum kapitalistischen Credo des »Bereichert Euch!« steht.

dem sich die Beurteilung von Handlungen durch die Bürgerinnen und Bürger misst. Sie erkennen das Recht als Grundlage ihrer Interessenbetätigung an und fordern von der das Recht setzenden Staatsgewalt eine ihnen nützliche Gestaltung des Gemeinwohls. Da das Recht die Basis ihrer Interessenverfolgung ist, gewinnt es seine positive Qualität erst einmal dadurch, dass es die zentrale Bedingung ihrer gesellschaftlichen Existenz darstellt. Aber das Recht erweist sich dann doch nicht unbedingt als Mittel zur Realisierung ihrer Interessen, weil die Bürgerinnen und Bürger sich zwar ans Recht halten, aber auch die Beschränkungen wahrnehmen, die das Recht mit sich bringt. Die Einsicht in den prinzipiellen Nutzen der zum Recht gehörenden Ge- und Verbote wird zum Maßstab der Beurteilung des Handelns Anderer, die sich womöglich nicht an diese halten. Dies ist die Geburtsstunde der Moral, die den Respekt vor den Umgangsformen, die das Recht gebietet, zum eigenen inneren Bedürfnis erklärt und wahrgenommene Beschränkungen durch eine bessere Aufsicht der staatlichen Gewalt getilgt haben will.

Eine Klassengesellschaft[7] ist ohne eine politische Gewalt, die die Eigentumsverhältnisse durchsetzt und als äußere Klammer deren Gegensätzlichkeit aufrechterhält, nicht denkbar. Der moderne Staat unterscheidet sich dadurch von seinen Vorgängern, dass er sein Gewaltmonopol nicht auf göttliche Auslese oder unmittelbare herrschaftliche Gewalt, sondern auf das *Recht* stützt. Der moderne bürgerliche Staat realisiert im *Recht* die Existenzweise subjektiver Freiheit seiner Bürgerinnen und Bürger und legt zugleich fest, in welchen ökonomischen Verhältnissen diese Freiheit gelebt werden darf und muss.

---

[7] Kapitalistische Staaten sind durch den Tatbestand des Privateigentums an Produktionsmitteln in Besitzer und Nicht-Besitzer derselben geschieden. Für diesen Tatbestand steht der Begriff »Klasse«. Es geht also nicht um Bewusstsein oder Handeln, nicht um Status und Schichtung, sondern um eine objektiv bestimmte Unterscheidung der Mitglieder einer Gesellschaft, die Folgen hat.

Die rechtsstaatlich gewährte Freiheit verweist somit auf eine Gesellschaft, in der der Mensch auf Basis staatlich gewährter Rechte als Eigentümer von Kapital, Arbeitskraft oder Grundbesitz seine ökonomischen Interessen verfolgt. Als *freier Bürger* ist er gemäß den Mitteln, über die er verfügt, für sich und sein Glück selbst verantwortlich – und der Staat sorgt dafür, dass ihm in der Verfolgung dieser Zwecksetzung keine unnötigen Hindernisse in den Weg gelegt werden. Schon dieser simple Tatbestand verweist darauf, dass die Freiheit keineswegs als die Selbstverständlichkeit anzusehen ist, die den Auftakt dafür bildet, dass ein Mensch seine soziale Existenz und individuellen Zwecksetzungen nach seinen Maßstäben verwirklicht. Als *gewährte* Freiheit ist sie abhängig von jemandem, der die Freiheit vergibt (oder entzieht) und damit auch über die Regeln gebietet, in deren Rahmen sie sich betätigen darf. In dieser Schlichtheit ist die Freiheit nicht mehr und nicht weniger als der Inhalt eines *Herrschaftsverhältnisses.*

Der moderne Nationalstaat regiert eine Gesellschaft gegensätzlicher ökonomischer Interessen und er regelt die Verlaufsformen dieser Gegensätzlichkeit mit seinem Recht. Damit sichert er zugleich die Freiheit seiner Bürgerinnen und Bürger, die gemäß der ihnen zur Verfügung stehenden ökonomischen Mittel ihren Wohlstand vermehren sollen und dies auch wollen. Die Freiheit, die der Staat gewährt, ist also keine Einladung an das Selbstbewusstsein des Menschen, nach ganz eigenen Maßstäben zu leben und sein Dasein zu gestalten,[8] sondern sie vollzieht sich im Rah-

---

[8] In der Ideologie des Liberalismus gibt es solche Extrempositionen. Peter Schadt hat dies z.B. an Anna Schneiders »Liebeserklärung an den Liberalismus« vorgeführt, die unter dem bezeichnenden Titel »Freiheit beginnt beim Ich« erschien. »Freiheit ist die Abwesenheit von Zwang durch andere Menschen. Eine so knappe wie richtige Definition: Freiheit ist das Recht, in Ruhe gelassen zu werden«, schreibt die Autorin, die allein das Individuum gelten lässt und in der Bezugnahme auf die Freiheitsrechte anderer schon den Ungeist des Kollektivismus entdeckt (zit. nach Schadt 2023: 12). Schadt zeigt die Unhaltbarkeit einer solchen Position: Sie reklamiert ideell für sich eine quasi ungesellschaftliche Existenz, muss dann aber im Kleingedruckten doch die Notwendigkeit einer

men von staatlich gesetztem Recht, das die Daseinsweise dieser Freiheit bestimmt.

Dieser Sachverhalt ist es, der dem Subjekt einiges abverlangt. Denn es soll und muss, um »frei« zu sein, seinen Willen auf die ihm vorausgesetzten gesellschaftlichen Verhältnisse richten und darin die unverrückbaren Voraussetzungen seiner individuellen Daseinsgestaltung erkennen. Indem es dies Objektive (die Marktwirtschaft, die Familie, das Eigentum) zu dem seine Subjektivität bestimmenden Inhalt seines Willens macht, erfüllt sich seine Freiheit. Der Bürger will, was er muss.

Damit steht die Welt (eigentlich) auf dem Kopf. Denn der Bürger muss sich daran abarbeiten, die ihm als *Zwang* gegenüber tretenden gesellschaftlichen Verhältnisse als vernünftig, d.h. als Mittel zur Realisierung seiner Interessen anzuerkennen und diese als die Voraussetzung der Betätigung seiner Freiheit zu begreifen. Das Vernünftige als Ganzes gesehen ist hier ja nichts anderes als die ihm vorausgesetzte sittliche Ordnung, die sein gesamtes gesellschaftliches Dasein bestimmt und bis in die Bereiche der Bildung und Kultur hinein ein gesellschaftliches Miteinander pflegt und betreut, das die Gegensätzlichkeit einer Klassengesellschaft nicht abschütteln kann, dies aber durchaus auch noch als Genuss zu zelebrieren versteht.

Angesichts der Erfahrungen, die der Alltag so mit sich bringt, stellt sich für die Bürgerinnen und Bürger praktisch immer wieder heraus, dass, obwohl das Recht doch von ihnen anerkannt und geachtet wird, es lauter Hindernisse und Beschränkungen gibt, die dazu führen, dass sie nicht zu ihrem Recht kommen. Aus innerster Überzeugung insistieren sie auf der Einhaltung eines Maßstabs, den sie dem Recht entnehmen, und entwickeln den Standpunkt eines ideellen Gerichtshofes, von dem aus das

---

staatlichen Zwangsgewalt nachreichen, der sich schließlich die Garantie des Privateigentums als Basis der imaginierten Selbstverwirklichung verdankt. Übrigens finden solche Ideologien auch Eingang in Politikerreden – man denke nur an den berühmten Spruch von Margaret Thatcher: »There's no such thing as society, there are only individuals«.

Handeln anderer be- bzw. verurteilt wird. Hier beginnt die *Moral* ihre Wucht zu entfalten, weil alles und jedes mit dem Urteil konfrontiert wird, ob es den ideellen Maßstäben, die dem Recht entnommen werden, gerecht wird oder nicht. Die Moral betätigt sich als die dem Recht überlegene Kontroll- und Beurteilungsinstanz, die nicht nur das Handeln der Mitbürger*innen kritisch unter die Lupe nimmt, sondern auch das Recht daraufhin beurteilt, ob es gerecht ist oder nicht.

Kants kategorischer Imperativ – so die vor allem in Deutschland gepflegte philosophische Tradition – soll nun dazu taugen, einen gegebenen Inhalt auf seine Eignung zum allgemeinen Gesetz hin zu überprüfen. Mit dieser philosophischen Hilfestellung wird aber lediglich geprüft, ob eine subjektive Handlungsregel mit einem allgemein geltenden Gesetz übereinstimmt, es ihm also nicht widerspricht. Die praktischen Anforderungen an das moralische Denken gehen über diese Sorte Überprüfung hinaus. Denn jeder Mensch ist schließlich in der Lage, die Schäden und Opfer einer Gesellschaftsordnung zur Kenntnis zu nehmen, die eine auf dem Prinzip des Geldverdienens basierende Wirtschaftsordnung und eine dazugehörige staatliche Regelung dieser Gesellschaft den Bürgern beibringen. Es ist nun die Leistung des moralischen Bewusstseins, diese Erfahrung nicht durch die Suche nach einem diese Tatbestände erklärenden Wissen, sondern durch *normative Anforderungen*[9] an die allgemein geltenden Regeln zu verarbeiten und damit den herrschenden Verhältnissen *moralische Maßstäbe* entgegenzuhalten, an denen sie sich zu orientieren hätten: Gerechtigkeit, Toleranz, Menschenwürde etc. Diese moralischen Maßstäbe werden vom einzelnen Subjekt in der ihm passenden Weise interpretiert und seiner Vorstel-

[9] Man könnte auch von normativen Idealisierungen sprechen. Denn alles, was hier zur Sprache kommt (von der Gerechtigkeit über die Toleranz bis hin zu sozialem Frieden und Menschenwürde), zeichnet sich dadurch aus, dass seine praktische Realisierung nie über den Status einer permanenten Aufgabe hinauskommt. Dieses Wollen lässt sich dann in immer neuen Varianten der immer gleichen Ideale betrauern, bestätigen oder enttäuschen.

lung gemäß zurechtgelegt. Sie werden eingesetzt zur Relativierung fremder und Legitimation eigener Interessen. Was für den Einen vom Standpunkt seines Interesses gerecht ist, ist für den Anderen ungerecht, was für den Einen dem Gemeinwohl dient, ist für den Anderen Ausdruck von Eigensinn, was für den Einen noch toleriert werden kann, ist für den Anderen inakzeptabel und bedarf des Verbots.

Die Leistung des Subjekts, sich die allgemeinen Anforderungen der Moral in seinem individuellen Bewusstsein zu erarbeiten und zu seiner eigenen Sache zu machen, erzeugt jede Menge von Kollisionen und »Egoismen«, die allesamt auf eine öffentliche Gewalt verweisen, die den Rechts- und Meinungsstreit so regelt, dass er in der Verpflichtung zur gewaltfreien Austragung von Konflikten seine Verlaufsform erhält.

Wie das moralische Bewusstsein es im Einzelnen fertigbringt, seine soziale Lage und sein ökonomisches Dasein mit den gegebenen Verhältnissen in Übereinstimmung zu bringen, und trotz aller Beschränkungen seine »Freiheit« als das unumstößliche sittliche Prinzip der Gesellschaft zu behaupten, ist abhängig von seiner Stellung in der Gesellschaft: Es ist zunächst einmal eine *Klassenfrage*.

These 2: Der Nationalstaat repräsentiert das Wohl seiner Bürgerinnen und Bürger und als solcher kümmert er sich um deren Interessen in der Welt. Sein Handeln bestimmt die soziale Existenz seines Volkes und dieses sieht in ihm den absoluten Garanten der Praktizierung seiner Freiheit. Der moralische Patriotismus, der das Wohl der Nation über das Eigene stellt, ist Ausdruck einer Moral, die in der Selbstbehauptung der Nation die um jeden Preis zu schützende Bedingung des Daseins des Volkes sieht und deshalb in letzter Konsequenz auch bereit ist, das eigene Leben für die Nation zu opfern.

Das Setzen auf den Staat als zentrale Bedingung der Existenz gegensätzlicher Klassen hat eine nicht unbedeutende Konsequenz: Der Staat konstituiert sich – in welcher Territorialität auch immer

– als *Nation*. Diese wird zum zentralen Bezugspunkt der Gestaltung der Lebensbedingungen jedes Einzelnen ihrer Mitglieder. Als Volk konstituiert sich eine der Nation entsprechende Identität, die dem Willen jedes Einzelnen den Inhalt gibt, den Erfolg der Nation zur absoluten Bedingung der Praktizierung seiner Freiheit zu erheben. Die damit gegebene *patriotische Gesinnung* kritisiert nicht die ökonomischen Verhältnisse, die Folgen einer die Lebensverhältnisse bestimmenden Konkurrenz um den Zugang zu Geld sind, sondern sie fordert von der Nation, dass sie ihre Zwecksetzungen möglichst optimal realisiert, sich in der internationalen Konkurrenz der Nationen bewährt und durchsetzt und eine nationale Politik realisiert, die das Volkswohl steigert.[10]

Mit dieser auf der »Absolutheit des Staates« gründenden Moral, in der der Wille des einzelnen Bürgers »das Wollen des Gesetzes« (Hegel) und damit des dieses repräsentierenden Vaterlandes wird, vollendet sich die subjektive Freiheit. Diese existiert als Übereinstimmung des individuellen Wollens mit der *Freiheit des Staates*, der damit letztlich auch über das Leben seiner Bürger verfügen kann. Die moralische Pflicht, die sich hieraus ergibt, ist eine Gesinnung, die das Opfer von Eigentum und Leben zugunsten der die Freiheit garantierenden staatlichen Ordnung[11]

---

[10] Hier sind dann auch die Maßstäbe für die stets kritische öffentliche Berichterstattung gesetzt: Diese orientiert sich am Ideal eines erfolgreichen Regierungshandelns im Sinne des vorgestellten nationalen Wohls, sieht sich regelmäßig mit Verletzungen dieses Ideals konfrontiert und zieht ihre eitle Überlegenheit daraus, den Verantwortlichen den Spiegel ihres (stets relativen) Scheiterns – gemessen am betreffenden Ideal – vorzuhalten.

[11] Im § 324 der Philosophie des Rechts spricht Hegel vom »Recht des Einzelnen« als »verschwindendes Moment« und stellt (damit es auch allen klar wird) heraus, worin die Freiheit des Subjekts besteht: »Dies Verhältnis (gemeint ist die Anerkennung des Staates als an und für sich seiende Individualität, Anm. d. A.) und die Anerkennung desselben ist daher ihre substantielle Pflicht – die Pflicht, durch Gefahr und Aufopferung ihres Eigentums und Lebens, ohnehin ihres Meinens und alles dessen, was von selbst in dem Umfange des Lebens begriffen ist, diese

als selbstverständliche Konsequenz des staatsbürgerlichen Wollens erachtet.

Der Patriotismus einer in der Nation realisierten Gemeinschaftlichkeit ist für den Bürger, der in einer Gesellschaft konkurrierender Interessen lebt und damit konfrontiert ist, dass der Erfolg in der Konkurrenz ganz unterschiedliche Resultate aufweist, eine bleibende Herausforderung. Ob für oder gegen den Sozialstaat, für oder gegen geordnete Migration, für oder gegen Impfpflicht, für oder gegen steuerliche Belastungen – das moralische Bewusstsein zeigt sich desinteressiert an der Erklärung eines Sachverhalts, es ergreift Partei.[12] Und es sieht darin auch noch einen Vorzug, weil es sich in den Tatbestand, das Gute zu wollen, nicht hineinreden lässt.

In allen Varianten der moralischen Entfaltung von Subjektivität wird der darin eingeschlossene Patriotismus auch gelebt: bei den Einen als Stolz auf die eigene Lebensleistung, der die Spielregeln des Konkurrierens akzeptiert und seine Freiheit dadurch behauptet, dass er sich von niemandem etwas vorschreiben lässt; bei den Anderen als Stolz auf eine Nation, die die Familie als Keimzelle von Gemeinschaftlichkeit verehrt, ihre Gewalt auf die Suprematie gegenüber fremdländischen Interessen konzentriert

---

substantielle Individualität, die Unabhängigkeit und Souveränität des Staats, zu erhalten« (Hegel 1973: 491).

[12] Der Idealismus, für sein eigenes Lebensglück verantwortlich zu sein, macht manche Patrioten sogar zu Staatsgegnern, die jede öffentliche Hilfestellung für ihr mickriges Dasein entschieden ablehnen. Bei seiner Wanderung durch den »Rust Belt«, die Stammheimat der Trump-Wähler, trifft Wolfgang Büscher, Autor des Buchs »Hartland«, zu seinem Erstaunen auf Menschen, die sich nicht nur vehement gegen eine Gesundheitsreform zu ihren Gunsten wehren, sondern auch sonstige sozialstaatliche Maßnahmen für Teufelszeug erachten. Auf seine Frage an eine arbeitslose Rentnerin, wovon sie denn ohne staatliche Unterstützung ihren Lebensunterhalt bestreitet, erhält er die Antwort: »Wir zocken«. Vgl. Büscher 2011.

und die hart arbeitenden Mitglieder der Nation für ihre Opfer als Helden der Nation belobigt.[13]

These 3: Das Recht, das der Staat setzt, ist von der Moral der Bürger unabhängig. Es gilt jenseits aller moralischen Reflexionen. Das schließt allerdings Kollisionen mit einem Bewusstsein nicht aus, das das Recht zum Mittel seiner Moral machen will, was in der Regel zum Scheitern verurteilt ist. Im Krieg fordert der Staat eine Moral, die das moralische Reflektieren ganz in den Dienst seiner Sache stellt. Die der Moral geläufige Unterscheidung von Gut und Böse wird zur Unterscheidung von Freund und Feind und konstituiert die Unerbittlichkeit der Kriegsmoral.

In seinem Buch über »Absolute Freiheitsgrade« bezeichnet Christoph Möllers Herrschaft als *Mittel der Freiheit* und erklärt Herrschaft zum unausweichlichen Adressaten der Zulassung und Bedrohung von Freiheit: »Wenn aber die Frage, von wem die Bedrohung der Freiheit ausgeht, die offene Frage des Liberalismus ist, dann wird mit politischer Herrschaft zugleich eine Stelle etabliert, die für alle denkbaren Formen von Freiheit und Unfreiheit zuständig ist, sowohl für die politischen, die direkt von ihr ausgehen, als auch für die gesellschaftlichen, die sie zulässt. Die politische Frage lautet, von wo die Bedrohung der Freiheit kommt. Ihr Adressat ist, so oder so, die politische Herrschaft« (Möllers 2020: 193).

Wenn auch unklar bleibt, was mit dem Begriff der »Unfreiheit« konkret gemeint ist, wird doch sehr klar ausgedrückt, dass im Staat und in der politischen Herrschaft (und nicht in den ma-

---

[13] Die Trump-Regierung hat diese Moral seinerzeit zu ihrem Programm erhoben und um den Kampf gegen die »Eliten« und das »Establishment« ergänzt. Darunter wurden all jene subsumiert, die (ob tatsächlich oder nicht) unter dem Verdacht standen, durch Regulierung des Konkurrierens in die Freiheiten des sein Glück schmiedenden Amerikaners eingreifen zu wollen. Obamas Gesundheitsreform war in dieser Hinsicht eins der entschiedensten Hassobjekte, das es möglichst schnell und radikal zu korrigieren galt.

teriellen Lebensverhältnissen) der Begriff der Freiheit seine Realität findet. Mit dem Staat als Freiheitsgaranten und dem Recht als Inhalt der gewährten Freiheit wird die Ordnung konstituiert, die die Regeln für das »gesellschaftliche Miteinander« setzt. Die Unabhängigkeit dieser Regelsetzung von der Moral (oder Akzeptanz) der ihr Unterworfenen ist für das Recht konstitutiv und deshalb gilt für die Rechtsnorm die *Absolutheit ihrer Geltung*: »Eine Rechtsnorm gilt nicht darum, weil sie einen bestimmten Inhalt hat, das heißt: weil ihr Inhalt aus dem einer vorausgesetzten Grundnorm im Wege einer logischen Schlussfolgerung abgeleitet werden kann, sondern darum, weil sie in einer bestimmten, und zwar in letzter Linie in einer von einer vorausgesetzten Grundnorm bestimmten Weise erzeugt ist. Darum und nur darum gehört sie zu der Rechtsordnung, deren Normen dieser Grundnorm gemäß erzeugt sind. Daher kann jeder beliebige Inhalt Recht sein« (Kelsen 1977: 29)

Die Unabhängigkeit objektiven Rechts vom Willen der diesem Recht Unterworfenen begründet eine Unterscheidung von Recht und Moral, die trotz der Vielzahl unterschiedlicher Moralauffassungen »Verbindlichkeit« schafft.[14] Denn ebenso wie ein »Recht auf Widerstand« eine moralische und keine rechtliche Frage ist, weil es dieses Recht schlicht nicht gibt, erfüllt das Insistieren auf individueller Freiheit gegen die Regeln, die den Inhalt dieser Freiheit bestimmen, den Tatbestand der Fehlinterpretation. Auch hier agieren Moralisten gegen das Recht, das die Basis und letztlich der gültige Bezugspunkt ihrer Moral ist. In Kriegszeiten zeigt sich dann schnell, wie ernst es mit dem Insistieren auf individueller Willensfreiheit gemeint ist: Dann sind die ansonsten im Clinch liegenden und sich streitenden Interessen

[14] Vgl. hierzu Dreier (1981: 181): »Denn wenn es, wie außer Zweifel steht, zutrifft, dass es in der modernen Gesellschaft eine Vielzahl verschiedener Moralauffassungen gibt, dann kann die Verbindlichkeit einer Rechtsnorm nicht davon abhängig gemacht werden, dass derjenige, an den sie adressiert ist (…) sie für moralisch gerechtfertigt hält – es sei denn, man wolle die Anarchie, die man aber sinnvollerweise nur wollen kann, wenn es übereinstimmende Moralauffassungen gibt«.

ebenso wie die um ihre Identität kämpfenden unterdrückten gesellschaftlichen Gruppen alles andere als Gegner staatlich befohlenen Tötens, sondern machen sich einen Reim auf die von der Nation geforderte Unterscheidung von Gut und Böse. Es ist dann nur folgerichtig, dass die aus nationalem Interesse beschlossenen Maßnahmen auch den Fortschritt der moralischen Parteinahme diktieren: Was anfangs noch undenkbar erschien (z.B. Panzerlieferungen an die Ukraine), lässt sich dann als unumgängliche Hilfe für eine vom Terror bedrohte Bevölkerung interpretieren und jeder Kriegsfortschritt lässt sich als ein notwendiger Beitrag zur Friedenssicherung verbuchen.

Wenn derjenige, der das Recht setzt, die absolut gültige Instanz der Freiheit ist, dann wird diese Instanz in Gestalt der Nation zum absoluten Bezugspunkt dessen, worum es bei der Freiheit geht. Diese wird zu einem Geschenk, das *verpflichtet.* »Es geht nicht nur um die Freiheit von Zwang und Bindung oder die Freiheit zu reisen. Es geht vielmehr um ein positives Verständnis von Freiheit, um die Freiheit zur Gestaltung und zum Engagement, die Freiheit an der Gestaltung unseres Staates und seiner Organisationen mitzuwirken, es geht um die Freiheit, Bürgersinn zu zeigen und schöpferisch mitzumachen. Klar wird damit, dass die Sicherung und die Gestaltung der Freiheit persönliche Beiträge, gegebenenfalls auch Opfer erfordert. Da der Staat solche persönlichen Beiträge, jedenfalls in Form verpflichtender Dienstleistung nicht mehr einfordert, wird es umso mehr darauf ankommen, dass sie freiwillig erbracht werden. Dankbarkeit für das Geschenk der Freiheit und der Wille und die Entschlossenheit, sie zu gestalten, sollten also überall mit dem Bestreben einhergehen, persönliche Beiträge zu leisten und Leere und Inhaltslosigkeit überall entgegenzuwirken. Deshalb engagieren wir uns im Rahmen unserer Aufgabe und – wo immer möglich – darüber hinaus für das Wohlergehen unseres Landes« (von Kirchbach 2016, o.S.).

Der Inhalt von Freiheit, eigentlich mit der *sachbezogenen* Gestaltung der Bedingungen individueller Willensentscheidungen identisch, verwandelt sich in die von der Größe der Nation abhängige *Nichtigkeit* der eigenen Existenz und der Bürger erhebt sich über seine eigene Partikularität. Diese brutale Umkehrung von *Freiheit als Opfer* erfordert wiederum eine entsprechende Moral.[15]

Die patriotische Moral, die angesichts des Ukrainekrieges die gesamte Gesellschaft erfasst hat und zu angsteinflößenden Willensbekundungen der von der guten Sache überzeugten Nationalisten führt, gründet auf der Freiheit der Nation oder des Staates. Für diese Freiheit sich einzusetzen und Opfer zu bringen, ist der selbstverständliche Inhalt dieser Form von Moralität (die deshalb nicht eine Sekunde an der Absurdität zweifelt, dass mehr Waffen Leben retten) und sie kennzeichnet eine Auseinandersetzung, die sich in erster Linie darum dreht, welche Mittel und Wege geeignet sind, den nationalen Erfolg durchzusetzen, und die deshalb den völlig inhaltsleeren Begriff einer »Zeitenwende« als Fanal für den Aufbruch der Nation zu neuen Ufern begrüßt. Die für diese Moral kennzeichnenden *Tugenden* werden insbesondere in Kriegszeiten hochgehalten. Selbstaufopferung und Selbstlosigkeit sind der Inbegriff eines idealistischen Wollens, das das Gute (aktuell: Völkerrecht, Menschenrechte, regelbasierte Ordnung etc.) zu seinem Inhalt hat, und deshalb ist der Feind der durch alle seine Handlungen sich entlarvende Böse, den es zu bekämpfen gilt. Alles, was Russland will und tut, ist durch seinen zerstörerischen Willen bestimmt, nicht-russischen Interessen zu schaden und der Welt Putins Willen aufzuzwingen.

---

[15] In den Briefen von Wehrmachtsangehörigen des Zweiten Weltkriegs an ihre Daheimgebliebenen wird ausgesprochen, dass die Hingabe des eigenen Lebens für die Nation quasi den Endpunkt dieser Freiheitsmoral bildet. So heißt es in dem sogenannten Moeldersbrief: »Um mich brauchen Sie keine Sorge haben. Wenn ich eines Tages mein Leben für die Freiheit unserer Nation hingeben muss, d i e Gewissheit kann ich Ihnen geben: ich falle im a l t e n Glauben, gestärkt durch die Sakramente der Kirche. Wenn auf meinem letzten Gang ein Priester nicht mehr dabei sein kann, so verlasse ich diese Erde im Bewusstsein, in Gott einen gnädigen Richter zu finden. Noch aber habe ich die feste Hoffnung, dass sich alles zum Guten wenden wird. - Schreiben Sie mir bald wieder und gedenken Sie im Gebet« (www.feldpost-archiv.de/07-16-moelders.shtml).

Der russische Feind wird dementsprechend auch auf allen Ebenen als das Böse repräsentierend entlarvt: Putins Energieexporte dienen allein der Erpressung, seine Staatsidee ist noch vom Zarentum geprägt, sein Herrschaftsstil ist diktatorisch, seine Kulturrepräsentanten sind Knechte des Totalitären usw. Sogar eine zerstörte russische Pipeline gilt als das Werk eines perfiden Terrorstaats, der seine Selbstschädigung dazu nutzt, den Feind mit falschen Beschuldigungen zu attackieren.

These 4: Der Kampf gegen das Böse legitimiert sich durch die Moral, die das Gute will. Das Handeln des feindlichen Staates steht damit nicht nur dem Handeln der eigenen Nation entgegen, es verstößt auch gegen die Regeln des moralisch Gebotenen. Die Kriegsmoral emanzipiert sich von jeder sachlichen Betrachtung des Krieges, indem sie das Prinzip der guten Moral in der eigenen Nation und ihren Interessen verortet.

Wenn eine Außenministerin Baerbock Russland als Kriegsgegner definiert, dann agiert sie mit all der ihr zur Verfügung stehenden Moralität. Der Kampf für die Werte, denen sie Herz und Verstand widmet, hat allerdings keine moralischen, sondern handfeste geostrategische Gründe. Diese sind nicht erst seit Februar 2022 bekannt. Es steht schon seit Langem fest, dass das postsowjetische Russland (»Regionalmacht« hin oder her) immer noch zu störend in seinem Bestreben ist, weltweit als mit Atomwaffen ausgestatteter souveräner Staat agieren zu können. Deshalb ist der Tatbestand, dass Russland ein Feind ist, dem es zu schaden gilt, lange vor allen kriegerischen Auseinandersetzungen Realität politischer Handlungen. In politischen (und anderen informierten) Kreisen ist der russische »Angriffskrieg« nicht die Überraschung, mit der er öffentlich gehandelt wird, und die NATO und ihre Verbündeten haben alles (aus ihrer Sicht aber nicht genug) getan, um sich auf diesen Fall vorzubereiten.[16]

---

[16] So heißt es bereits 2017 in einem Papier der NATO zur Reform der Kommandostrukturen: »Die bisherige NATO-Kommandostruktur

Die für Nationalisten feststehende Freund-Feind-Unterscheidung könnte sich eigentlich mit dem Verweis darauf, dass die NATO alles tut, um den Aggressor zu erledigen, ausreichend bedient sehen. Es wäre aber aus der Sicht überzeugter Patrioten viel zu banal, einen Vorgang sachlich zu beurteilen, in dem Staaten ihr Menschenmaterial dazu verdonnern, ihr Leben für eine höhere Idee zu opfern, die aus staatlicher Sicht die Gewaltanwendung rechtfertigt. Stattdessen wird die Angelegenheit des Krieges zunächst einmal daraufhin geprüft, ob sie durch das geltende Recht auch *gerechtfertigt* ist.

Was dazu als Allgemeinwissen gilt, formuliert der Eintrag »Angriffskrieg« bei Wikipedia (de.wikipedia.org/wiki/Angriffskrieg): »Im modernen Völkerrecht besteht ein grundsätzliches Verbot des Angriffskrieges. Die Meinung in Teilen der Rechtslehre, nach der ein Souverän ein Recht zur Kriegführung habe, das *ius ad bellum,* wurde nach dem Ersten Weltkrieg endgültig verworfen. Aber schon in der frühen Neuzeit und insbesondere im 19. Jahrhundert war dieses vermeintliche ›Recht zum Krieg‹ heftig kritisiert und nur von einer Minderheit der Rechtstheoretiker ernsthaft behauptet worden: Während ein allgemeines positivrechtliches Verbot des Angriffskriegs erst im 20. Jahrhundert normiert wurde, liegen die Wurzeln dieses Verbots also – wie jüngste Forschungen gezeigt haben – im 19. Jahrhundert«.

Für die Unterscheidung zwischen rechtmäßigen und nicht rechtmäßigen Kriegen ist das Völkerrecht bei genauerer Betrachtung aber nicht unbedingt eine hilfreiche Kategorie:

- Es wird in vielen Fällen der Öffentlichkeit ein Angriffskrieg als Verteidigungskrieg präsentiert, indem entsprechende An-

---

würde ihren Zweck ›im günstigsten Fall nur teilweise erfüllen und, obwohl sie nie getestet wurde, schnell versagen, sollte sie mit dem vollen NATO-Level of Ambition konfrontiert werden‹. Dieser Level of Ambition wird als Kategorie ›MJO+‹ definiert. Im Klartext: Die NATO bereitet sich auf einen möglichen Krieg mit Russland vor« (Gebauer u.a. 2017).

lässe inszeniert werden (1939 der Überfall auf den Sender Gleiwitz, 1964 der Tonkin-Zwischenfall).[17]

- Es gibt immer wieder die Darstellung, ein Angriffskrieg wäre nur ein präventiver Verteidigungskrieg (so z.B. im Fall Israels zu Beginn des 6-Tage-Kriegs).[18]
- Angriffskriege werden auch als Präventivkriege zur Abwehr einer drohenden Gefahr – etwa des Besitzes oder der Beschaffung bestimmter Waffen – gerechtfertigt (so z.B. der Angriff der Koalition der Willigen unter Führung der USA auf den Irak im Dritten Golfkrieg 2003).
- Völkerrechtlich als Angriff klassifizierte Kriege werden auch als legale Selbstverteidigung gegen eine terroristische Bedrohung gerechtfertigt (so der Krieg der Türkei gegen Syrien und die damit verbundenen Militärinterventionen gegen Kurdengebiete in Nordsyrien bzw. -irak).
- Es gibt mit Ausrufung der »New World Order« durch US-Präsident George Bush sr. überhaupt die Tendenz, das Völkerrecht zu »amerikanisieren«, zu relativieren und einer Schutzmacht zu unterstellen, die die »Responsibility to Protect« im Namen höherer Güter zu ihrer Sache erklärt (so beim Krieg von USA und NATO-Mitgliedern 1999 gegen Serbien).[19]

---

[17] Siehe de.wikipedia.org/wiki/Sender_Gleiwitz, de.wikipedia.org/wiki/Tonkin-Zwischenfall.

[18] Siehe de.wikipedia.org/wiki/Sechstagekrieg.

[19] Es handelte sich hier um einen völkerrechtswidrigen Krieg, der auf Initiative der USA zustande kam und von NATO-Staaten mitgetragen wurde. Norbert Mappes-Niedick zitiert in seiner Studie »Krieg in Europa« als einen wichtigen Kriegstreiber den damaligen Senator Joe *Biden*: »Wenn ich Präsident wäre, würde ich Milošević einfach bombardieren […] Die NATO-Verbündeten würde ich mitmachen lassen« (Mappes-Niedick 2022: 330f.). Von US-Seite hieß es explizit, für eine Intervention sei ein Beschluss des UN-Sicherheitsrates »wünschenswert, aber nicht nötig«. Für die Außenministerin Madeleine *Albright* war die Zustimmung der UN aber noch nicht einmal wünschenswert. Mappes-Niedick zitiert aus ihren Memoiren: »Wäre eine Resolution im Sicherheitsrat durchgegangen, so hätten wir einen Präzedenzfall geschaffen:

Wenn man nicht gleich die Analyse der Sache der Parteilichkeit opfern will, dann ließe sich ohne Mühe feststellen, dass das Recht und damit auch das Völkerrecht kein besonders geeignetes Mittel ist, sich Aufklärung über Kriege zu verschaffen – dass es vielmehr der *Rechtfertigung* der kriegführenden Parteien dient, die damit ihr jeweiliges Vorgehen gegen Kritik immunisieren und im Falle des Sieges ihre Sichtweise juristisch verbindlich machen. Man kommt also nicht umhin, sich mit den *Gründen* der Staaten zu befassen, die sich zu kriegerischen Handlungen veranlasst sehen. Und wenn man sich diese Gründe anschaut, dann stellt sich schnell heraus, dass die Frage von Angriff und Verteidigung für die Rechtfertigung eines Kriegszwecks aus Sicht der kriegführenden Staaten eine ziemlich bedeutungslose Angelegenheit ist, weil es ihnen auf die Sicherung und Durchsetzung der staatlichen Interessen ankommt, die sie zur Kriegsführung veranlassen. Offensives oder defensives Vorgehen sind staatliche Optionen, deren Implementierung sich jeweils aus militärstrategischen oder bündnispolitischen Kalkulationen ergibt und die nicht die kategorische Trennungslinie der moralischen Verwerflichkeit bzw. Zulässigkeit markieren.

4. Ein »grundloser Angriffskrieg« und der Maßstab seiner Beurteilung: die Unbedingtheit »westlicher Werte«

Im Fall der russischen Invasion in die Ukraine steht nach herrschender[20] Lehrmeinung völkerrechtlich eindeutig fest, dass es sich um einen »Angriffskrieg« handelt, der folglich nicht gerechtfertigt,

---

nämlich dass die NATO für ihr Einschreiten die Zustimmung des Sicherheitsrates bräuchte«.

[20] Es gibt, das sei hier nur am Rande erwähnt, auch abweichende Meinungen, und zwar von nicht ganz unmaßgeblicher Seite, siehe etwa das Interview mit dem ehemaligen Generalinspekteur der Bundeswehr, General Harald Kujat, der seinerzeit als Vorsitzender des NATO-Militärausschusses höchster Militär der NATO war (Kujat 2023). Kujat verweist auf die »wichtige Rolle« des Minsk II-Abkommens, »in dem die Ukraine sich verpflichtet hat, der russischsprachigen Bevölkerung im Donbass bis Ende 2015 durch eine Verfassungsänderung mit einer grö-

sondern nur pauschal verurteilt werden kann. Es gibt daneben jedoch immer wieder Bemühungen, die Gründe, die für diesen – angeblich unmotivierten – »Überfall« ins Feld geführt werden, zum Thema zu machen, d. h. sie als wenig plausibel und in ihrer Gesamtheit als Feindpropaganda zurückzuweisen. An erster Stelle interessiert dabei nicht ihr Wahrheitsgehalt, es geht vielmehr um die Frage, ob sie dem »russischen Narrativ« nützlich sind oder nicht:

- Der russische Vorwurf, die NATO sei gezielt an die russische Grenze herangerückt, habe Russland zunehmend umstellt und bedrohe das Land, wenn Raketen von der Ukraine Moskau direkt erreichen können, verkenne, dass es sich bei der NATO um ein reines Verteidigungsbündnis handelt.
- Der russische Verweis darauf, dass nach dem Ende der Blockkonfrontation der Westen zugesagt habe, das transatlantische Bündnis nicht auszuweiten, und dass dies in den Verhandlungen zur deutschen Einheit in der ersten Hälfte des Jahres 1990 auch so vereinbart worden sei, verkenne, dass erstens eine schriftliche Vereinbarung hierüber nicht fixiert wurde[21] und zweitens das Recht der Staaten auf freie Selbstbestimmung unantastbar ist.

ßeren Autonomie der Region Minderheitenrechte zu gewähren, wie sie in der Europäischen Union Standard sind. Es gibt inzwischen Zweifel, ob die USA und die NATO bereit waren, vor dem russischen Angriff auf die Ukraine ernsthaft über diese Fragen zu verhandeln.« Die deutsche Regierung, die sich in der UN-Resolution dazu verpflichtet hatte, das »gesamte Paket« der vereinbarten Maßnahmen umzusetzen, sei dem nicht nachgekommen. Kujat: »Das ist ein Völkerrechtsbruch, das ist eindeutig… wir sind diejenigen, die internationale Vereinbarungen nicht einhalten«.

[21] Stefan Creuzberger betont in seiner Studie zum deutsch-russischen Verhältnis, »dass es 1990 keine feste Zusage des Westens gab, die NATO nicht nach Osten auszuweiten« (Creuzberger 2022: 544f.). Dass es eine Zusage gab, will auch der Autor nicht bestreiten. Sie war aber eher locker, sie wurde nicht auf Drängen der russischen Seite, die sich auf den guten Willen des Westens verließ, kodifiziert und vertraglich festgeschrieben. Genau das begründete den Täuschungsvorwurf, der in Russland von Gorbatschow bis zu Putin erhoben wurde.

- Das Insistieren Russlands darauf, dass mit dem Recht eines Staates, sein Bündnis selbst zu wählen, zugleich festgelegt worden sei, dass damit die Sicherheit aller Staaten untrennbar verbunden ist und die Beteiligten sich verpflichten, »ihre Sicherheit nicht auf Kosten der Sicherheit anderer Staaten zu festigen«, desavouiere sich schon allein dadurch, dass die NATO-Truppen in Lettland oder Bulgarien für Russland gar keine existenzielle Bedrohung darstellen.
- Die russischen Beschwerden darüber, dass die Ukraine die Mitgliedschaft in der NATO für sich zum Verfassungsauftrag erklärt und die russische Bevölkerung in den östlichen Provinzen systematischen Menschenrechtsverletzungen ausgesetzt habe, zudem gewaltbereite Rechtsextreme und Nationalisten gefördert habe, werden als Irreführung entlarvt, weil die Ukraine sich seit ihrer Unabhängigkeit 1991 konsequent zu einer gut funktionierenden Demokratie entwickele.
- Die russischen Hinweise darauf, dass das Abkommen von Minsk, das die Einführung einer Sicherheitszone in Luhansk und Donezk und von der OSZE überwachte Wahlen in den beiden Provinzen vorsah, nie umgesetzt worden sei, werden von der an den Verhandlungen beteiligten deutschen Bundeskanzlerin dahin gehend gekontert, dass man dies ganz anders sehen müsse. Es habe sich dabei um den »Versuch« gehandelt, »der Ukraine Zeit zu geben«, in der das Land erstarken konnte.[22]

[22] Im Dezember 2022 erklärt Merkel in der »Zeit« (21.12.2022), das Minsker-Abkommen sollte der Ukraine Zeit verschaffen, »um stärker zu werden«. Die Ukraine habe »diese Zeit auch genutzt, wie man heute sieht«, führt Merkel in dem Gespräch aus. »Die Ukraine von 2014/15 ist nicht die Ukraine von heute. Wie man am Kampf um Debalzewe Anfang 2015 gesehen hat, hätte Putin sie damals leicht überrennen können.« In der Folge bestätigte der frühere französische Präsident Hollande diese Sichtweise in einem Interview mit dem ukrainischen Portal »The Kyiv Independent«: »Ja, in diesem Punkt hat Merkel recht«, antwortet er, als er auf die Aussagen der früheren deutschen Bundeskanzlerin angesprochen wurde. Diesen taktischen Umgang mit dem Abkommen bezeichnet Kujat selber als völkerrechtswidriges Verhalten (s.o.).

- Der russische Vorwurf, der Westen habe 2014 an dem »Putsch« gegen Janukowitsch tatkräftig mitgewirkt und eine »Farbenrevolution« angezettelt, erweise sich schon dadurch als Hirngespinst, dass sein Nachfolger Petro Poroschenko in einer ordnungsgemäßen, von der OSZE bestätigten Wahl zum neuen Präsidenten der Ukraine gewählt wurde. Zudem sei das vom Kiewer Parlament verabschiedete Gesetz zur Diskriminierung der russischen Bevölkerung am Veto des Übergangspräsidenten gescheitert.
- Der kurz vor Ausbruch des Ukrainekriegs vorgenommene Versuch Russlands, die NATO zum Rückzug auf die Gebiete vor Auflösung der Sowjetunion zu bewegen, sei schon allein dadurch als scheinheilige Finte bloßgestellt, dass sich kein westlicher Staat auch nur einen Moment damit ernsthaft befasst habe. Moskaus Einlassung, dass die Entwicklungen in der Ukraine in keiner Weise die grundlegenden Interessen der USA berührten und die US-amerikanische Seite keine konstruktive Antwort auf die Forderungen Russlands gebe, wurde von Präsident Biden mit einer souveränen Geste beantwortet: Pläne für ein Telefonat mit Putin habe er derzeit nicht.

Alles in allem scheitern die von Russland vorgebrachten Beschwerden und Einlassungen schon allein daran, dass sie einem *westlichen Interesse* entgegenstehen, das in Russland den Feind ausgemacht haben will, der durch sein Bestreben, als Weltmacht zu agieren, eingegrenzt und auf das Format einer »Regionalmacht« (Barack Obama) zurechtgestutzt werden muss. Das realpolitisch Nützliche dieser Sichtweise besteht darin, dass sie völkerrechtlich legitimiert ist, dass sie als die Unbedingtheit einer auf Werte basierenden Weltordnung auftritt und so in den Rang eines Gesetzes, an das sich alle Staaten halten müssen, rückt.

Wie die *Waffe des Völkerrechts* dazu benutzt wird, missliebige Positionen anzugreifen und als untragbar zu denunzieren, soll noch an einem Beispiel ausgeführt werden. In der Replik auf einen Artikel des Rechtswissenschaftlers Reinhard Merkel, in dem dieser zu bedenken gab, dass ein Versuch der Ukraine, die Krim mit militärischen Mitteln zurückzuerobern, »einen neuen Krieg«

darstellen würde, sieht der Berliner Völkerrechtler Helmut Philipp Aust ein völliges Verkennen des Völkerrechts:

»Schlicht und ergreifend völkerrechtlich unvertretbar wird es im Ergebnis sodann, wenn sich Merkel der Reichweite des ukrainischen Selbstverteidigungsrechts im Hinblick auf die Krim zuwendet[...] Für die von ihm angemahnten Verhandlungen legt Merkel der Ukraine nun nahe, die Annexion der Krim zu akzeptieren und jedenfalls keine Schritte zu ihrer Rückeroberung zu ergreifen. Aus einer ›ehedem rechtswidrigen Okkupation‹ sei ›der stabile Zustand einer befriedeten Ordnung entstanden‹. Dadurch gewönne ›die Friedensmaxime der UN-Charta‹ die Oberhand über das Selbstverteidigungsrecht der Ukraine. Würde die Ukraine versuchen, die Krim militärisch zurückzuerobern, ›begänne sie einen neuen Krieg‹, ja, sie würde selbst einen bewaffneten Angriff begehen. Damit impliziert Merkel, dass sich Russland dann gegen ein solches Vorgehen auf das Selbstverteidigungsrecht berufen könnte[...] Durch die faktische Konsolidierung einer Besatzungssituation würden so die Voraussetzungen geschaffen, um die Souveränität und die territoriale Integrität eines anderen Staates scheibchenweise zu beseitigen. Damit würde aber endgültig die Axt an die normative Autorität des Gewaltverbots gelegt, das von Merkel zwar einerseits als ›Stabilitätsbedingung jeder Normenordnung‹ anerkannt wird, dessen Wert er aber andererseits aufgrund seiner vorgeblichen moralischen Entleerung gering schätzt« (Aust 2022: 1).

Man möchte gar nicht aufzählen, in wie vielen Fällen es z.B. den USA ziemlich egal war, in welchem Verhältnis das Völkerrecht zu ihrem Bedürfnis nach Schädigung einer fremden Macht steht. Im Falle des russischen Angriffs auf die Ukraine gilt aber das Dogma der »territorialen Integrität«, auch wenn dies u.U. die Notwendigkeit eines weiteren Kriegs bedeutet. Die mit dem Gestus höchster wissenschaftlicher Autorität vorgetragene Zurechtweisung eines Kollegen, der die ethische Verpflichtung zur Kriegsführung durch das Völkerrecht mit falschen moralisierenden Einlassungen herabwürdige, basiert auf der unumstößlichen Gewissheit, dass das Völkerrecht die *Waffe* der vom Westen zu verteidigenden Freiheit ist, darin seine Funktion hat und jede Einlassung zum Krieg sich an diesem Maßstab messen lassen muss.

Das Phänomen, dass sich in der Öffentlichkeit zunehmend eine Sorte von *kriegswilliger Wissenschaft* zu Wort meldet und ihre Moral als Ausdruck objektiver Geistigkeit feiert, verdankt sich dem durch den »Angriffskrieg« befeuerten Nationalismus hierzulande. Die Güte der deutschen Nation, die sich durch die jahrzehntelange Läuterung in einschlägigen Sonntagsreden und einer eigenen Erinnerungskultur (siehe Schillo 2022) von allen Verdächtigungen frei gemacht hat, steht als Beurteilungsmaßstab felsenfest. Sie ist die Grundlage der öffentlichen Berichterstattung, deren moralisierende Selbstgerechtigkeit sich fallweise bis zum Hurrapatriotismus und bis zur publizistischen Abwägung der Möglichkeit eines Atomkriegs steigert. Die sonst mit kühler Professionalität vorgetragene Berichterstattung über die weltweiten Völkermorde, kriegerischen Auseinandersetzungen und Millionen Hungertoten gerät im Fall Russlands geradezu in einen Rausch moralischer Empörung. *Dieser* Krieg, so die keinen Widerspruch duldende Botschaft, ist durch nichts gerechtfertigt – rechtfertigende Gründe für andere Kriege kennt man schon.

Angesichts der durch Russlands kriegerische Intervention feststehenden Freund-Feind-Unterscheidung hat sich die Befassung mit den Gründen für einen »Angriffskrieg« mitten in Europa grundsätzlich erledigt und die *Parteilichkeit des Patriotismus* kann sich in ihrer ungehemmten Wucht entfalten und dynamisieren. Dieser Sichtweise soll im Folgenden widersprochen werden. Denn der Ukrainekrieg hat nicht nur eine Vorgeschichte, die für die Erklärung dessen, was dort stattfindet, nicht ganz unbedeutend ist, auch die »Werte«, um die es dort geht, sind nicht durch ihre Moralität, sondern durch handfeste Interessen gekennzeichnet. Und für die Durchsetzung dieser Interessen hat der freie Westen keineswegs auf die Überzeugungskraft seiner überlegenen Werteordnung vertraut, sondern sich Instrumente wie die NATO geschaffen, die andere Staaten im Fall des Falles als (potenzielle) Feinde ins Visier nehmen.

Wir wollen deshalb zum Abschluss des ersten Teils der Frage nachgehen, warum die Ukraine seit dem Zerfall der Sowjetunion zu einem der Ankerpunkte der Auseinandersetzung zwischen Russland und dem »freien Westen« geworden ist und wie das Land seinen Weg an die Seite des Westens gefunden hat. Dabei ist es unumgänglich, in der gebotenen Kürze auch auf die Rolle der NATO und ihre Strategie der konsequenten Vorne- bzw. Vorwärtsverteidigung zu sprechen zu kommen.

5. Der russische Neoimperialismus und der Angriff auf die »regelbasierte Weltordnung«

Nach landläufiger Meinung gelten die USA als eine Weltmacht – und sie sehen sich ja auch selber so. Eine solche Macht zeichnet sich dadurch aus, dass sie ihre Interessen auf der ganzen Welt geltend macht und die nötigen Mittel dafür hat. Blickt man auf die jüngere Geschichte, dann haben die USA (mal mit, mal ohne Verbündete) wenige Gelegenheiten ausgelassen, diesen Weltmachtanspruch auch militärisch und mit wirtschaftlicher Erpressung zu untermauern: langjährige Sanktionen gegen missliebige Staaten (z.B. Kuba); Umsturz von Regimen, denen das Vertrauen entzogen wurde (z.B. Libyen); Definition von Terrorstaaten, die entsprechend militärisch behandelt werden (z.B. Afghanistan); militärische Interventionen in Weltregionen, wo das Agieren von Störenfrieden oder Feinden identifiziert wird (z.B. Irak) usw.

Zugleich verfügt diese Weltmacht über ein Weltgeld, mit dem sie überall auf dem Globus erpresserisch agieren kann und die Sonderstellung des Dollar weidlich für sich ausnutzt. Noch vor wenigen Jahren wurde die Trump-Regierung wegen ihrer »America first«-Politik und ihrer einseitigen Ausnutzung des Dollars durch Zölle, direkte Verbote, die den Außenhandel anderer Länder beschränken, Ausschluss von Unternehmen oder gleich ganzer Länder vom amerikanischen Finanzmarkt sowie, auf höchster Stufe, vom internationalen Geldmarkt sogar von ihren engsten Verbündeten kritisch ins Visier genommen. Man könnte also meinen, dass eine Staatsmacht, die die gesamte Welt im Focus ihres Herrschaftsanspruchs hat, die sich mit gigantischen Rüstungsausgaben die nötigen Mittel hierfür beschafft und mit ihrer Währung das kapitalistische Geschäftsleben weltweit dominiert, mit Fug und Recht als »imperiale Macht« gekennzeichnet werden könnte.

In der aktuellen wissenschaftlichen Definition von Imperien wird dies anders gesehen: »Imperiale Handlungen sind in verschiedenen räumlichen Dimensionen zu verorten. Imperiale Politik ist von Fall zu Fall in den internationalen Beziehungen oder der Großregion in der weiteren Nachbarschaft des Imperiums zu beobachten. Ebenso ist imperiales Agieren zu unterscheiden, das entweder den Gesamtstaat des Imperiums oder einzelne Regionen, Kolonien oder Nationen innerhalb des Imperiums betrifft. In allen diesen Räumen fragt diese synthetische Definition danach, wie das imperiale Zentrum die Machtressourcen Politik, Militär, Infrastruktur, Ökonomie und Kultur einsetzt« (Aust 2019: 28f.).

Mit dieser Definition, die in gekonnter Abstraktion von allem, was imperialistisches Handeln kennzeichnet, den Raum (oder das staatliche Territorium) zur entscheidenden Kategorie des Imperiums erklärt, werden Imperien in den Blick genommen, die sich mit ihrer staatlichen Territorialität nicht zufriedengeben. Und es ist unschwer zu entschlüsseln, wem eine solche Bestimmung imperialen Handelns gilt: »Die Russländische Föderation, die 1991 entstanden ist, entspricht nicht dem Idealtypus eines Imperiums in Reinform, ist jedoch in vielfacher Hinsicht von einem imperialen Erbe gekennzeichnet« (ebd.: 29).

Und damit wird, ausgehend von einer wissenschaftlich einwandfreien Definition, das Subjekt imperialistischen Handelns auf der Welt dingfest gemacht: »Der Aufbau einer präsidentiellen Machtvertikale in der zweiten Präsidentschaft Wladimir Putins 2004–2008, Russlands großregionale Hegemonie im postsowjetischen Raum, seine Rolle in den Konfliktregionen in Transnistrien, Abchasien, Südossetien, auf der Krim und im Donbass und sein Großmachtanspruch in den internationalen Beziehungen werfen die Frage nach dem Fortwirken imperialer Logiken auf« (ebd.: 30).

Die hier so gekonnt aufgeworfene Frage ist eigentlich schon beantwortet: denn mit dem Anspruch auf andere Territorien ist Russland als imperialer Akteur eindeutig dingfest gemacht und »die Schatten des Imperiums«, die es bis in die Neuzeit verfolgen, kann diese Föderation einfach nicht abschütteln. Der russische Neo-Imperialismus ist diesem Staat wie von Geisterhand eingeschweißt und niemand sollte sich wundern, wenn er in immer neuen Varianten seinen Gelüsten nach räumlicher Einverleibung fremder Territorien Geltung verschafft.[23]

Mit dieser Konstruktion eines schon durch seine Geschichte zum imperialen Handeln neigenden Staates und des ebenso grund- wie prinzipienlosen Hangs zur Ausdehnung seines Staatsgebiets ist die Figur des *Neo-Imperialismus* erschaffen, vor deren Hintergrund westliches Handeln als eine permanente Notwehrsituation und unumgängliche Selbstverteidigung einen wohlgeordneten Platz in den Geschichtsbüchern erhält. »Oberflächliche Verweise auf die gescheiterten Kriege im Irak und in Afghanistan, auf die globale Finanzkrise und andere Versäumnisse werden als Rechtfertigung nachgeplappert. Was bei dieser Argumentation außer Acht gelassen wird, ist, dass keiner dieser Fehler von den Ukrainern oder den anderen gefangenen Nationen verschuldet wurde.

Warum sollten sie ihre Freiheit wegen der – tatsächlichen, übertriebenen oder eingebildeten – Fehler anderer opfern müssen? Der gleiche Ansatz stellt die NATO-Erweiterung als ein

---

[23] Wenn eine Weltmacht mit ihrem Weltgeld andere Staaten sanktioniert, weil diese zu einem den eigenen Wünschen angemessenen Verhalten erpresst werden sollen, dann ist dies in den Augen der Osteuropaforschung kein Imperialismus. Wenn ein Staat – siehe Präsident Bidens Auftritt am 23.2.2023 in Polen – von sich behauptet, dass er seine Interessen weltweit geltend machen muss, dann ist dies ebenfalls kein Imperialismus. Der Begriff des Territoriums als Bestimmungsgrund für imperiales Handeln ist eben ganz und gar das Produkt eines schon vorab feststehenden Urteils: Russland ist ein imperialistischer Staat.

westliches Komplott gegen Russland dar. Dabei wird die Tatsache ignoriert, dass die ehemaligen Gefangenenstaaten nicht von Waffenherstellern und anderen Strippenziehern in das Bündnis gelockt wurden. Sie sind beigetreten, weil sie Angst vor Russland hatten – und das zu Recht. Ja, diese Länder erwarten von der NATO und der EU Verteidigung und Solidarität: Wohin sollten sie sich sonst wenden?« (Zentrum Liberale Moderne 2022)

Aus der Bestimmung des Handelns Russlands als »neoimperialistisch« folgt mit eiserner Konsequenz, dass westliches Handeln dem Schutz der »territorialen Integrität« gilt und das westliche Verteidigungsbündnis allen Grund hat, sich dem russischen Expansionsdrang entgegenzustellen. Bei der NATO hat man diesen Sachverhalt schon frühzeitig erkannt und sich in der Verteidigungsstrategie erst gar nicht von russischen Expansionsanstrengungen abhängig gemacht. Die Militärplanungen der NATO »setzen auf eine Mischung aus einer militärischen Vorwärtspräsenz und möglichst schnell verlegbaren Einheiten in der Hinterhand, um im Eskalationsfall rasch die Eskalationsdominanz zu erlangen« (Wagner 2022: 62).

Hierfür hat man einiges getan: Bereits 2014 wurde die Schnelle Eingreiftruppe der NATO von 13.000 auf 40.000 Soldat*innen aufgestockt und eine Ultraschnelle Eingreiftruppe beschlossen; im Juli 2016 wurde unter dem Begriff »Enhanced Forward Presence« beschlossen, vier NATO-Bataillone in unmittelbarer Nähe zu Russland zu stationieren; im Juli 2018 wurde die »Nasse Ostflanke« als Vorbereitung auf Auseinandersetzungen mit Russland in der Ostsee erheblich verstärkt und die Einrichtung eines NATO-Marinekommandos beschlossen; im Januar 2020 wurden Beschlüsse gefasst, dass ein höherer Anteil der in den NATO-Staaten vorhandenen Truppen in der Lage sein soll, zu einer kürzeren Reaktionszeit des Bündnisses beizutragen; im September 2021 wurde ein gemeinsames Unterstützungs- und Befähigungskommando (Joint Support and Enabling Command) zur Gewährleistung der Operationsfreiheit und der Durchhaltefähigkeit im rückwärtigen Raum zur Unterstützung schneller Transporte von Truppen und Ausrüstungen nach, durch und aus Europa für voll einsatzfähig erklärt.[24]

Nach dem Zerfall der Sowjetunion hat die NATO das von seinem Bündnisimperium befreite Russland – wahrscheinlich im Vorgriff auf die nachträglich gelieferten wissenschaftlichen Erläuterungen zum Imperium – als *Feind* betrachtet und eine militärische Konfrontation ins Auge gefasst. Dass hierbei kein Staat »an der Seitenlinie« (Wagner 2022: 65) stehen bleiben wollte, hat die Staatenkonkurrenz innerhalb der NATO beflügelt und den französischen Staatspräsidenten Macron gar seinerzeit (als Reaktion auf die Alleingänge unter Trump) von einem »Hirntod« sprechen lassen, von dem die NATO dann durch die russische Intervention in der Ukraine erlöst wurde.

Mit dem russischen »Angriffskrieg« wird zugleich die wissenschaftliche Expertise über den Charakter des Russland-Regimes gleichsam verifiziert, sodass die Elite der deutschen Osteuropaforschung sich gezwungen sieht, ihrem Standpunkt in einem offenen Brief Ausdruck zu verleihen, und dabei offenlegt, dass sie einer Neigung zu militärischer Eskalation nicht widerstehen kann.[25]

---

[24] Dies sind nur einige Hinweise auf das Vorrücken der NATO gegen Osten. Aktuell wäre etwa als ein Beispiel für den Ausbau der deutschen »lead nation« zu ergänzen: »Die Bundeswehr führt in diesem Jahr [2023] die sogenannte NATO-Speerspitze (Very High Readiness Joint Task Force, VJTF), deren offizielle Aufgabe es ist, innerhalb von weniger als 72 Stunden ›als erste Kräfte schnell und schlagkräftig‹ intervenieren zu können – bei Bedarf auch in einem Waffengang gegen Russland.« (German foreign policy, 30.1.2023).

[25] In einem Offenen Brief von 155 Expertinnen und Experten für Osteuropa und internationale Sicherheit an die Bundesregierung heißt es: »Im Lichte von Russlands offenem Einmarsch in ein friedliches Land und zunehmender Kriegsverbrechen sowie einer wachsenden Wahrscheinlichkeit ähnlicher russischer Aggressionen gegen andere Länder, muss die deutsche Regierung stärker als bislang berücksichtigen, dass Putin kein herkömmlicher Verhandlungspartner ist. Friedliche Koexistenz mit Putins Regime kann nur auf einer robusten Kombination von Diplomatie mit wirtschaftlicher, politischer und militärischer Stärke ba-

Was dem russischen Neoimperialismus besonders vorzuhalten ist, soll aus wissenschaftlicher Sicht nicht nur der Überfall auf fremdes Territorium, sondern der damit gleichzeitig verbundene Angriff auf die *regelbasierte Weltordnung* sein. Diese gehört zur DNA der deutschen Außenpolitik, taucht im Koalitionsvertrag der Scholz-Regierung gleich viermal auf und betont nicht nur die Westbindung der BRD, sondern auch die Werte und Prinzipien einer liberalen Weltordnung.[26] Zwar gehört es zur Eigenart dieser regelbasierten Ordnung, dass kein Staat der Welt deren Prinzipien als für sich gültig erklärt und noch vor wenigen Jahren die Trump-Regierung als das größte Hindernis ihrer Respektierung galt, aus moralischer Sicht aber unterfüttert sie die Überlegenheit einer Ordnungsvorstellung, die durch den russischen Angriffskrieg auf brutalstmögliche Weise verletzt worden sein soll.[27]

---

sieren. Alle nur möglichen Maßnahmen unterhalb einer direkten militärischen Konfrontation mit Russland müssen ergriffen werden, um die russische Aggression gegen die Ukraine zu bestrafen, einzudämmen und schließlich zu beenden. Einmal verhängte Sanktionen dürfen erst nach einem vollständigen Rückzug Russlands aus dem ukrainischen Hoheitsgebiet aufgehoben werden.« (zeitgeschichte-online.de/themen/offener-brief-von-155-expertinnen-und-experten-fuer-osteuropa-und-internationale-sicherheit)

[26] Vgl. hierzu die Ausführungen der Bundesregierung 2022: »Immer dann, wenn deutsche Wirtschafts- und Sicherheitsinteressen gegen Demokratie, Recht und Freiheit in Stellung gebracht werden – wie es auch jetzt wieder im Hinblick auf die deutsche Solidarität mit der Ukraine passiert –, ist daran zu erinnern, dass auch Werte Interessen sind, dass es die liberale Weltordnung war, die die deutsche Erfolgsgeschichte von Einheit in Frieden, Freiheit, Sicherheit und Wohlstand überhaupt erst möglich gemacht hat, dass es diese Ordnung ist, von der Deutschland auch heute noch in hohem Maße profitiert und dass wir auf diese Ordnung auch in Zukunft noch dringend angewiesen sein werden. Eine werte- und regelbasierte Weltordnung zu stärken, muss deshalb eines der wichtigsten außenpolitischen Interessen Deutschlands sein – jetzt erst recht« (www.partner-atlas.com/theme/die-staerkung-einer-werte-und-regelbasierten-weltordnung/).

[27] In der Bewerbungsbroschüre Deutschlands als nichtständiges Mitglied im UN-Sicherheitsrat (siehe www.bundesregierung.de) heißt es:

Das Russland den Wertekanon dieser regelbasierten Ordnung, d.h. die Definitionsmacht, die deren Hüter für sich in Anspruch nehmen, nicht akzeptieren will, soll wiederum Ausdruck seines Hangs zum *Neoimperialismus* sein, der – so ein russisches Dilemma, das sich angeblich nur geschichtlich erklären lässt – das *Gute* am Zerfall des sowjetischen Reichs nicht zur Kenntnis nehmen will und stattdessen an postkolonialistischen Träumen festhält.

»Der Westen und Russland sehen und beurteilen das, was seit dem Ende des Kalten Krieges in Europa geschehen ist, vollkommen unterschiedlich. Für uns vollzog sich in jenen Jahren eine Wende der Geschichte hin zum kaum für möglich gehaltenen Guten. Staaten, die unter sowjetischem Joch gestanden hatten, Völker, die gegen ihren Willen Teil der Sowjetunion gewesen waren, machten sich auf ihren eigenen, selbstbestimmten Weg [...]. Aus der Sicht der Menschen und der politischen Führung der Sowjetunion und später Russlands stellte sich diese Entwicklung sehr anders dar. Dass mit dem Ende der Sowjetunion 1991 die kommunistische Herrschaft verschwand, wird im Russland von heute nur noch von wenigen beklagt. Doch mit dem Zerfall der Sowjetunion und ihrer Herrschaft zerbrach eben zugleich das alte Russische Reich und damit das letzte große Kolonialreich auf Erden« (von Fritsch 2022: 51f.). Was Russland aus jener Zeit geblieben ist, darf laut dieser Expertise nicht verschwiegen werden: die »Willkür der Macht«, »das mangelnde Verständnis für Privateigentum und das Fehlen der selbsttätigen autonomen Persönlichkeit« (ebd.: 53).

Der Einklang der regelbasierten Ordnung der westlichen Welt mit weniger moralischen als gesellschaftlichen Prinzipien wie Eigentum und freie Märkte, die wie zufällig zur Substanz des Wertekanons demokratischer kapitalistischer Staaten gehören, macht das Gebaren Putins zu einem prinzipiellen Verstoß gegen geltende Werte. Obwohl er mit Kommunismus gar nichts am Hut

---

»Als global vernetztes Land setzen wir uns für eine regelbasierte Weltordnung ein, die von der Stärke des Rechts und nicht durch das Recht des Stärkeren geprägt ist.«

hat, dem Kapitalismus in keiner Weise abgeneigt ist und die Religion vergöttert, soll ihn der durch die Historie verbürgte autokratische Charakter des Regimes zu einer Charaktermaske des Machtstrebens verurteilen, dem wahrscheinlich nur mit einem Weltkrieg beizukommen ist.[28]

Besonders deutlich wird in dieser Perspektive der prinzipielle Verstoß Russlands gegen die freiheitlichen Prinzipien des Westens, wenn man sich den neoimperialistischen Gestus seiner Forderungen anschaut, die eine Bedrohung des nationalen Territoriums suggerieren, obwohl sie aus westlicher Perspektive gar nicht vorhanden ist. Im November 2021 verdeutlichte Putin seine Sichtweise der Dinge, nach der die NATO in absehbarer Zeit aus der Ukraine heraus Russland bedrohen könnte: »Es geht vor allem um das Entstehen von Bedrohungen, die von diesem Territorium ausgehen könnten. Wenn ein Gefechtssystem auf dem Gebiet der Ukraine auftaucht, dann wäre die Flugzeit nach Moskau sieben bis zehn Minuten«.[29]

Dass es sich bei dieser Einlassung um eine *Wahnvorstellung* handelt, wird – aus westlicher Sicht – schon allein durch die Tatsache untermauert, dass Putins Befürchtungen längst Realität sind und den Verteidigungscharakter der gegen ihn gerichteten Waffensysteme ignorieren: »Mit den bereits vorhandenen MD-

---

[28] So staunt Susanne Schröter, die die deutsche Schuld gegenüber Russland als eine geopolitische Ressource des russischen Imperialismus deutet, über die neuen Falken und die »erstaunliche Metamorphose« in der westlichen Welt: »Diejenigen, die Soldaten noch vor Kurzem für Mörder hielten und alles Militärische zum Reich der Finsternis zählten, machten sich plötzlich für die Einrichtung einer Flugverbotszone über der Ukraine und damit für einen faktischen Kriegseintritt der NATO stark. Wer wie die Grünen Waffenlieferungen in Krisengebiete als Ursünde der Kriegstreiberei verurteilt hatte, forderte Panzer für die ukrainische Armee. Der ukrainische Präsident Wolodimir Selenskyi, der sich medienwirksam im olivgrünen Hemd inszenierte, wurde von ehemaligen Kriegsdienstverweigerern und Feministinnen als Held gefeiert« (Schröter 2022: 24).

[29] W. Putin, Rede am 31.11.2022, zit. nach: www.tagesschau.de/ausland/europa/russland-truppen-ukraine-101.html.

Systemen in Polen und Rumänien – die wie gesagt aus US-Sicht (!) rein defensiv und gegen Bedrohungen aus Iran oder Nordkorea gerichtet waren – wäre es auch gar nicht erforderlich gewesen, zusätzlich in der Ukraine solche Systeme zu errichten« (von Fritsch 2022: 116). Auch die russischen Forderungen gegenüber den USA und der NATO sollen sich bei genauerer Betrachtung als haltlos erweisen.

Gefordert wurde bekanntlich von russischer Seite: Eine NATO-Erweiterung, insbesondere ein Beitritt der Ukraine zum Bündnis, sei auszuschließen; die westlichen Staaten sollten sich verpflichten, kein zusätzliches Militär und keine weiteren Waffen außerhalb jenes Gebietes einzusetzen, das die NATO im Mai 1997 abdeckte; die NATO sollte künftig keinerlei militärische Aktivitäten in der Ukraine und anderen Staaten in Osteuropa, die nicht der NATO angehörten, sowie südlich des Kaukasus und in Zentralasien durchführen; es sollten keine Mittel- und Langstreckenraketen so stationiert werden, dass sie das Gebiet der anderen Seite treffen könnten.

Das Urteil über diesen Forderungskatalog fällt aus freiheitlicher Sicht eindeutig aus: »Die Bedingungen waren ausschließlich an Russlands Interessen und zu dessen Gunsten ausgerichtet« (ebd.: 17). Da Russlands fast schon unverschämtes Interesse, die weitere militärische Eskalation der NATO bis vor seine Haustür eindämmen zu wollen, schlicht als Rücksichtslosigkeit gegenüber dem friedliebenden Charakter dieses Bündnisses gedeutet werden muss und da zudem das amerikanische Nuklearpotenzial auf dem Boden Westeuropas zur Disposition gestellt werden sollte, konnte das anti-imperiale Urteil der NATO nur auf Nicht-Befassung lauten: »Die westlichen Bündnispartner sahen sich außerstande, solche Forderungen zu erfüllen« (ebd.: 118).

Und so nahm die Geschichte eben ihren Lauf und der »Angriffskrieg« im Februar 2022 erzeugte eine »Zeitenwende«, in der die NATO-Vorwärtsverteidigung auf eine neue Stufe gehoben wird und Russlands Neoimperialismus von einer den Atomkrieg ins Auge fassenden regelbasierten Staatenwelt das Stopp-Schild gezeigt bekommt.

6. Das Unmögliche möglich machen: Realoption Atomkrieg

Die NATO ist nach eigenem Bekunden nicht nur ein Bündnis zur Abwehr potenzieller kriegerischer Aktionen feindlicher Staaten, sondern auch eine *Wertegemeinschaft*. Als solche richteten sich ihre Aufrüstung und ihre kriegerischen Fähigkeiten ursprünglich gegen das von der Sowjetunion angeführte sozialistische Lager, das im Warschauer Pakt über ein Verteidigungsbündnis verfügte und sich damit als Alternative zur Weltfriedensordnung der kapitalistischen Demokratien verstand. Das Besondere an der von der NATO ins Auge gefassten Kriegsführungsstrategie bestand hier darin, die gesamte Welt als potenziellen Kriegsschauplatz zu betrachten und damit im Grundsatz jeden Ort auf der Erde als Konfliktherd eines möglichen Weltkriegs ins Visier zu nehmen. Von diesem Gesichtspunkt aus entwickelte sich eine Sichtweise auf Konflikte in der Welt, die mit dem Titel »begrenzt« zum Ausdruck brachten, dass überall die Möglichkeit zum Weltkrieg besteht und bei lokalen Kriegen der Weltfriede durchaus zur Disposition steht.

Diese Weltkriegsstrategie hat die gesamte Rüstungspolitik der NATO diktiert. Es war das ausgesprochene Ziel, eine *universelle* Überlegenheit der kriegerischen Mittel herzustellen und sich die hierfür geeigneten Waffen zu beschaffen. Mit der Atombombe wurde das für diese Zielsetzung adäquate Mittel gefunden und – in Verbindung mit einem entsprechenden Transportsystem – existierte damit eine Waffe, die jedem Gegner auf der Welt mit der totalen Vernichtung drohen konnte und deren Eigentümer auch den Willen bekundeten, eine solche Option eines totalen Krieges real werden zu lassen.

Das Problem dieser militärischen Überlegenheitsstrategie bestand darin, dass die Sowjetunion frühzeitig ebenfalls über die Atombombe verfügte und damit eine wirksame Gegendrohung ins Spiel bringen konnte, die einen neuen Typus militärischer Auseinandersetzung in Aussicht stellte: den Atomkrieg. Nachdem die USA auf diesen Tatbestand zunächst mit einer rüstungsdiplomatischen Offensive reagierten, weil das »Fenster der Verwundbarkeit« eine Zeit lang den wirksamen Einsatz von Atomwaffen infrage stellte, wurde alles darangesetzt, dieses Fenster zu schließen und mit ausgefeilten Atomkriegsszenarios (in der wohlüberlegten Unterscheidung von Erstschlag- und Zweitschlagkapazitäten) die Kontrolle über das strategische Atomkriegsszenario wiederzugewinnen.

Das militärische Konzept der »Abschreckung« begann nun damit, das Unmögliche möglich zu machen. In dieser Strategie musste zunächst konstatiert werden, dass die Sowjetunion eine Gegenmacht darstellte, die durchaus in der Lage war, mit ihrem militärischen Potenzial feindvernichtend aktiv zu werden. Es mussten also die Risiken eines Atomkriegs einkalkuliert werden, der angesichts der damit verbundenen Folgen eine Kriegsführungsstrategie unterhalb dieser Option notwendig machte. Gleichzeitig durfte der zentrale NATO-Auftrag, universell auf den Feind einwirken und jeden Konflikt kriegerisch bewältigen zu können, nicht infrage gestellt werden und auf der Basis eines »Gleichgewichts des Schreckens« sollte diese selbst gestellte Zielsetzung vorangetrieben werden. Mit der Option auf einen ultimativen Atomschlag im Rücken wurde zunächst daran gearbeitet, eine konventionelle Überlegenheit herzustellen, die an jedem Ort der Welt unterhalb der Schwelle des Atomkriegs eine wirksame Eindämmung des Feindes garantieren konnte.

Im Unterschied zur NATO als werteorientiertem Kriegsbündnis, dem die weltweite Durchsetzung dieser Werte (man könnte auch sagen: die Ideale einer auf Privateigentum und Geldvermehrung basierenden Gesellschaftsordnung) ein Bedürfnis ist, hatte die Sowjetunion mit ihrem Idealismus einer Weltfriedenspolitik stets das Problem, sich als Konkurrent dieses Bündnisses behaupten zu wollen, ohne dessen Weltordnungsstandpunkt für sich geltend zu machen. Mit anderen Worten: Die Sowjetunion sah sich mit einem dauerhaften Programm einer infrage gestellten Selbstbehauptung gegenüber einem imperialistischen Gegner konfrontiert, dem sie mit Rüstungsdiplomatie und dem Verweis auf ihre atomaren Kapazitäten beizukommen versuchte. Das Bestreben der Sowjetunion richtete sich darauf, den wechselseitigen Verzicht auf die

Atomkriegsoption und die von ihr so genannte »Koexistenz der Systeme« in den Verhandlungen mit dem Westen festzuschreiben.

Die Bekundung des vorläufigen Verzichts auf Abwehrwaffen gegen die strategischen Atomraketen des Gegners im sogenannten ABM-Vertrag war Ausdruck der unterschiedlichen Umgangsweise mit der Option Atomkrieg. Für die NATO ging es um die Wiedergewinnung einer wirksamen strategischen Verteidigungsmöglichkeit und die Erlangung eines entscheidenden Vorsprungs in der Entwicklung entsprechender Fähigkeiten. Die USA wollten die strategischen Risiken des Atomkriegs kontrollierbar machen, nicht um ihn zu verhindern, sondern um ihr Atomwaffenpotenzial als taugliches Mittel ihrer Weltpolitik im Kampf gegen die politischen Kontrahenten verfügbar zu halten. Die Sowjetunion wollte die »friedliche Koexistenz« der Systeme als den Verzicht des Westens auf die Atomkriegsoption und die endgültige Anerkennung der Unangreifbarkeit des sozialistischen Lagers festschreiben. Die Kündigungsmöglichkeit des Abkommens, die die USA dann ja später einseitig in Anspruch nahmen, zeugt von dessen kalkulatorischem Charakter.

Das auf eine Koexistenz berechnete Bestreben der sowjetischen Seite wird selbst dort deutlich, wo die Sowjetunion auf westliche Aufrüstungen reagierte: Die sowjetischen Mittelstreckenraketen waren darauf berechnet, Deutschland und andere Vorposten ins Visier zu nehmen. Der NATO-Doppelbeschluss vom Dezember 1979 kündigte die Aufstellung neuer mit Atomsprengköpfen bestückter Mittelstreckenraketen vom Typ Pershing II und von Marschflugkörpern in Westeuropa an. Der Westen begründete diesen – auf Initiative des sozialdemokratischen Bundeskanzlers Schmidt erfolgten – Schritt als nachholende Modernisierung und Ausgleich einer Lücke in der atomaren Abschreckung, die die Stationierung der sowjetischen SS-20 bewirkt habe. Zugleich wurden bilaterale Verhandlungen zwischen den USA und der Sowjetunion über die Begrenzung ihrer atomaren Mittelstreckenraketen gefordert.

Mit dem NATO-Doppelbeschluss wurde der territoriale Aspekt eines Krieges in Westeuropa neu gewichtet und damit der

Sowjetunion eine ganz neue Kalkulation der Kriegsführung aufgezwungen. Die Aufwertung Westeuropas als Kriegsführungsgebiet durch die »Nachrüstung« mit Mittelstreckenraketen trieb die Entwertung des Abwehrpotenzials der sowjetischen Raketen entschieden voran. Mit Gorbatschow und seiner Reform des realen Sozialismus begann dann bekanntlich nicht nur der Niedergang der »Weltfriedensmacht« SU, sondern auch das Ende des Systems, dem die NATO ihre gesamte Kriegsführungsstrategie gewidmet hatte. Dabei ist die friedliche Kapitulation der Sowjetunion von den USA mit absoluter Kompromisslosigkeit und dem Fehlen jeglicher Konzessionsbereitschaft »begleitet« worden, sodass der Gegner ein Zugeständnis nach dem anderen – frei nach dem Motto: Was nicht verhandelt werden kann, wird von den Verhandlungen ausgeschlossen – offerierte.[30]

Nachdem durch die Beseitigung der Bedrohungslage dank der Selbstauflösung der Sowjetunion der ursprüngliche Werteauftrag für die NATO zu einem positiven Ende gekommen war, hatte dies nicht etwa die Selbstauflösung des eigenen Militärbündnisses zur Folge. Ganz im Gegenteil: Es erfolgte die Klarstellung, dass die militärische Übermacht, die in Form dieses Verteidigungsbündnisses existierte, als weltordnende Kraft überaus tauglich ist und ihre Mission unter geänderter Zielsetzung fortführen wird. Die *neue NATO* war geboren.

[30] Ein Beispiel hierfür ist der ursprünglich hartnäckige Einspruch der Sowjetunion gegen die »Strategische Verteidigungsinitiative« (SDI), welche die Ausdehnung des strategischen Kernwaffenkrieges auf Weltraumwaffen beinhaltet. 1989 macht der damalige Außenminister der Sowjetunion, Schewardnadse, das Angebot, »die geplante Halbierung der offensiven Kernwaffenarsenale auch dann vertraglich zu beschließen, wenn über Raketenabwehr und andere Weltraumwaffen noch keine Einigung erzielt ist« (»Die Zeit«, Nr. 40, 1989).

7. Die »Neue NATO« – konsequente Vorwärtsverteidigung gen Osten und eine hierauf abgestimmte Nuklearstrategie

Die Ausrichtung der NATO auf den Hauptfeind musste zunächst einer kritischen Revision unterzogen werden und die flexible militärische Zuschlagsfähigkeit weltweit neu in der Gesamtstrategie geschärft werden.[31] Da ein Hauptfeind wie die Sowjetunion weltweit nicht mehr existierte, lauter Klein- und Mittelmächte die Staatenkonkurrenz bereicherten, richtete sich der Blick der NATO nicht nur auf diese, sondern auch auf die Zerfallsprodukte der Sowjetunion, die mit ihrem nationalen Aufbruchswillen und dem ererbten Kriegspotenzial des alten Hauptfeindes selbstredend lauter *Fälle für westliche Kontrolle* darstellten. Die Jugoslawienkriege der 1990er-Jahre, in die sich der Westen – an vorderster Front auch die wiedervereinigte BRD – politisch und schließlich direkt militärisch einmischten, stellten den kriegerischen Auftakt dieses Kontrollwesens dar.

Die veränderten Militärplanungen der NATO wiesen dem Faktor Verlegetempo (Militärische Mobilität) eine entscheidende Bedeutung zu. Dabei wurde jetzt Russland zu einem neuen (alten) Fall, dem die NATO-Vorwärtsstrategie ihre Aufmerksamkeit zollte: Die 1997 in der Russland-Akte enthaltene Zusage, die NATO werde keine substanziellen Kampftruppen dauerhaft in Osteuropa stationieren, wurde schnell zur Makulatur und NATO-Truppen wurden in Polen von den USA, in Estland von Großbritannien und in Lettland von Kanada disloziert, während die Bundeswehr das in Litauen stationierte NATO-Bataillon kommandiert und dort als größter Truppensteller fungiert.[32]

---

[31] »Das Potential der NATO muss auf die Fähigkeit zugeschnitten sein, örtlich, zeitlich und nach Intensität ganz unterschiedliche Krisen und Konflikte zu bewältigen«, so der damalige deutsche Verteidigungsminister (Rühe 1993).

[32] Deutschland erweist sich auch an anderer Stelle als »ambitionierte Rahmennation«. Die Vorgaben der Politischen Leitlinie der NATO aus dem Jahr 2015 will es vollumfänglich umsetzen: »Die Bundesrepublik hat somit zum ersten Mal – und als erste große Nation – die Resultate

2014 wurden entscheidende Schritte hin zu einer weiteren Stärkung der Ostflanke unternommen. Die Schnelle Eingreiftruppe der NATO wurde von 13.000 auf 40.000 Soldat*innen aufgestockt und ergänzend der Aufbau einer auch »Speerspitze« genannten ultraschnellen Eingreiftruppe beschlossen (Wagner 2022). Auf dem NATO-Gipfel in Warschau wurde unter dem Begriff »Enhanced Forward Presence« beschlossen, vier NATO-Bataillone dauerhaft in unmittelbarer Nähe zu Russland zu stationieren – wie gesagt entgegen der in der Russland-Akte von 1997 enthaltene Zusage.

In Rumänien und in Polen wurden seit 2016 Systeme einer amerikanischen Raketenabwehr installiert, die aus russischer Sicht offensive Fähigkeiten aufweisen und eine Verletzung des INF-Vertrages darstellten.[33] Der Vertrag wurde später von der Trump-Regierung einseitig gekündigt. 2020 erklärte Trump seine Bereitschaft, in Polen substanzielle amerikanische Truppen zu stationieren. Polen unter der Regierung der PiS zeigte sich begeistert von der Aussicht auf ein »Fort Trump«.

Zur Vorwärts-Strategie der NATO gegen Russland gehört natürlich auch die Frage des Einsatzes von Atomwaffen. Diese sind, wie dargelegt, in die Kriegsplanung als fester Bestandteil eingebunden und werden in den NATO-Übungen mit Blick auf ihre Einsatzfähigkeit trainiert.

Im Oktober 2020 berichtete die Presse: »Die deutsche Luftwaffe trainiert mit NATO-Partnern die Verteidigung des Bündnisgebiets mit Atomwaffen. So hat dpa-Informationen zufolge

---

des NATO-Verteidigungsplanungsprozesses als ›Soll-Vorgabe‹ für die eigene Streitkräfteplanung übernommen. […] Damit sollen sich die individuellen Planungsziele der Bundeswehr in eine NATO-Planung einfügen, durch die langfristig im Bündnis ein qualitativ und quantitativ ausreichendes Fähigkeitsdispositiv erreicht wird« (Glatz/Zapfe 2017: 3f.).

[33] Der INF-Vertrag, der »Washingtoner Vertrag über nukleare Mittelstreckensysteme«, bezeichnet ein Bündel bilateraler Verträge und Vereinbarungen zwischen den USA und der Sowjetunion über die Vernichtung aller boden-/landgestützten Flugkörper mit mittlerer und kürzerer Reichweite (zwischen 500 bis 5.500 Kilometer).

in dieser Woche eine geheime Bündnisübung mit dem Namen ›Steadfast-Noon‹ begonnen. Dabei wird unter anderem der Einsatz von Jagdbombern trainiert, die im Kriegsfall mit Nuklearwaffen bestückt werden könnten. Ein Schauplatz der Übung ist in diesem Jahr der Fliegerhorst Nörvenich in NRW. Er gilt als möglicher Ausweichstandort für die taktischen US-Atomwaffen vom Typ B61, die nach offiziell unbestätigten Angaben im rheinland-pfälzischen Büchel lagern«.[34]

Im neuen strategischen Konzept der NATO von Ende Juni 2022 werden die strategischen, nuklearen Kräfte des Bündnisses, vor allem der USA, aber auch Großbritanniens und Frankreichs, als »der oberste Garant für die Sicherheit des Bündnisses« bewertet. »Die nationalen Beiträge an Flugzeugen mit dualer Einsatzfähigkeit für den NATO-Auftrag der nuklearen Abschreckung bleiben bei dieser Anstrengung von zentraler Bedeutung« (Strategisches Konzept der NATO 2022, Ziffer 29).

Der von der Ukraine zum Verfassungsauftrag erhobene Wille, Mitglied der NATO zu werden, ist von Russland schon frühzeitig als direkte Bedrohung aufgefasst worden.[35] Russland reagierte darauf im Dezember 2021 mit der Vorlage eines Vertragsentwurfs. Dieser beinhaltete nicht nur die Forderung nach Rückzug der NATO auf das Gebiet von vor 1997, sondern auch die Forderung, keine Raketensysteme zu stationieren, die das Gebiet der anderen Seite treffen könnten. Die Antwort der NATO auf den Vertragsentwurf war, wie gesagt, eindeutig. Sie setzte sich aus zwei Komponenten zusammen: Ein Staat darf nur selbst über seine Sicherheit entscheiden, und jegliche Aggression gegen die Ukraine wird schwerste wirtschaftliche und finanzielle Folgen haben. Mit dieser Antwort wurde für Russland zugleich klarge-

[34] »Bundeswehr probt den Atomkrieg-Ernstfall«, n-tv.de, 13.10.2020.

[35] Putin macht dies zuletzt in einer Rede Ende November 2021 (siehe Anm. 29) unmissverständlich klar: »Es geht vor allem um das Entstehen von Bedrohungen, die von diesem Territorium ausgehen könnten. Wenn ein Gefechtssystem auf dem Gebiet der Ukraine auftaucht, dann wäre die Flugzeit nach Moskau sieben bis zehn Minuten«.

stellt, dass aus Sicht der NATO eine Mitgliedschaft der Ukraine in der NATO zu den unmittelbaren Souveränitätsrechten gehört und Russland die NATO »ihren eigenen Weg gehen lassen« müsse (von Fritsch 2022: 120).

Auf dem NATO-Gipfel im Juni 2022, nach dem russischen Angriff auf die Ukraine, wurden drei Beschlüsse gefasst, die die NATO-Vorwärtsverteidigung auf eine neue Stufe hoben und im Rahmen der »Zeitenwende« die auf Russland gerichtete NATO-Strategie fundamentieren:

- Durch die Aufnahme von Schweden und Finnland in die NATO »ist die Ostsee auf dem besten Weg, ein NATO-Binnenmeer zu werden [...]. Die baltischen Staaten gewinnen maritimes Hinterland, gegebenenfalls Aufmarschraum, sie finden in Schweden, in anderem Maße auch in Finnland, logistische Alternativen. Das vervollständigt die Sicherheitsarchitektur in der Region« (Mergener 2022: 20).
- Die NATO-Landpräsenz in Osteuropa wird massiv aufgestockt. Das Abschreckungs- und Verteidigungsdispositiv der NATO soll durch »eine substantielle und durchgängige Präsenz auf dem Land, zur See und in der Luft« sichergestellt werden, und zwar »vorne mit robusten, im Einsatzgebiet stationierten dimensionsübergreifenden kampfbereiten Streitkräften zur schnellen Verteidigung« (Strategisches Konzept der NATO 2022, Ziffer 21).
- Schließlich wird auch noch ein neues Streitkräftemodell (New Force Model, NFM) auf den Weg gebracht. Die schnelle Eingreiftruppe, die vorsieht, dass 40.000 Soldat*innen in spätestens 15 Tagen vor Ort sein können, wird so aufgestockt, dass bis Tag 30 weitere 30.000 Soldat*innen der Bereitschaftsinitiative folgen können. Im Rahmen des neuen Streitkräftemodells will die NATO in der Lage sein, innerhalb von maximal zehn Tagen bis zu 100.000 Soldat*innen zu verlegen, bis spätestens Tag 180 soll es dann möglich sein, mit noch einmal weiteren 150.000 Soldat*innen nachzulegen.
- Die von den USA getragene nukleare Abschreckung wird im Zuge dieser Diskussion um die Notwendigkeit einer eigen-

ständigen europäischen Nuklearstrategie bereichert.[36] Der französische Staatspräsident Macron lobt nicht nur die »stabilisierende Tugend« der Atomwaffen, auch der deutsche Verteidigungspolitiker Wadepuhl fordert eine Zusammenarbeit mit Frankreich bei den Nuklearwaffen und zwischen Frankreich und Deutschland entwickelt sich eine Auseinandersetzung über die »Teilhabe« bei der Entscheidung über den Einsatz von Atomwaffen. Die Optionen für eine »Weltmacht Europa« fasst eine Studie der Stiftung Wissenschaft und Politik zusammen: »Europa braucht robuste nicht-nukleare Fähigkeiten für zwei Hauptzwecke: zur Verteidigung und zur Intervention. [...] Verteidigungspolitische Autonomie erfordert eine eigenständige nukleare Abschreckungsfähigkeit. [...] Dies würde Deutschland und seiner ›Kultur der militärischen Zurückhaltung‹ einiges abverlangen: bei Verteidigungsausgaben, Einsätzen und Rüstungsexporten. Dafür braucht es eine tabulose Debatte über die Rolle des Militärischen für ein Europa, das ›sein Schicksal in die Hand nimmt‹ (Bundeskanzlerin Angela Merkel)« (Lübkemeier 2020: 12f).

Die NATO-Planungen lassen keinen Zweifel offen: Die auf Russland gerichteten militärischen Optionen müssen ohne Wenn und Aber auch die Nuklearoption beinhalten und die Strategie der Vorwärtsverteidigung muss beide Komponenten, konventionelle und nukleare, der Aufrüstung umfassen. Die »Hilflosigkeit«, die Teile der Öffentlichkeit vor der »Zeitenwende« bei der NATO ausmachen, verweist nur auf die Entschiedenheit, mit der die militärische Überlegenheit des Verteidigungsbündnisses auf allen Gebieten zum Maßstab genommen wird und die russischen

[36] Im Juni 2022 fasst der Chef der Europäischen Volkspartei, Manfred Weber, seine Auffassung zusammen: »Die heutige Europäische Union ist, das muss man mal ganz brutal sagen, nackt in einer Welt von Stürmen. Wir können uns als Europäer heute sowohl konventionell als auch nuklear nicht selbst verteidigen ohne die Partner von außen. Und das heißt, wir müssen jetzt auch über die nukleare Option reden« (Panorama, 2.6.2022).

Maßnahmen zur Sicherung ihrer Souveränität als Verstoß gegen die Prinzipien der Weltfriedensordnung gelten.

Auch wenn sich die Medien von dem russischen Überfall auf die Ukraine überrascht zeigen, hat die NATO dies in ihrer Rüstungsstrategie also schon längst als Option vermerkt und dabei die Wirksamkeit der Atomwaffe in ihren strategischen Überlegungen nicht außenvorgelassen. Die russischen Aggressoren in die Schranken zu verweisen ist seit Gorbatschows Selbstauflösung der Sowjetunion die Aufgabe einer NATO-Strategie, die den Weltfrieden im Blick hat. Auch mit dem Mittel eines atomaren Schlagabtauschs.

8. Die postsowjetische Geburt der ukrainischen Nation – der freie Westen verhilft einem Staat zu nationaler antirussischer Identität

»Unbezwingbar sind wir auch, weil wir unsere Würde haben. Ukrainer wissen um eine einfache Wahrheit: dass ein Leben ohne Freiheit gar kein Leben ist. Uns ist bewusst, dass wir, verlieren wir unsere Freiheit, auch unsere Ehre verlieren. Unsere Ehre verlieren, hieße, unsere Herzen zu verlieren. Unsere Herzen zu verlieren, hieße, unsere Seelen zu verlieren. Und unsere Seelen zu verlieren, hieße, unser Leben zu verlieren. Darum kämpfen wir für unsere Freiheit, auch wenn uns dies das Leben kostet. Weil wir für unser Leben kämpfen« (Selenskyj 2022: 57).

Wie sich patriotische Moral ausbuchstabiert und zu welchen Konsequenzen sie bereit ist, braucht man Wolodymyr Selenskyj nicht zu erklären. Er lebt seinen ukrainischen Nationalismus, ist (wenn man seinen Reden Glauben schenken will) bereit, für das Vaterland sein Leben zu opfern, und weiß um den Sinn seines Tuns: Er kämpft für die Freiheit, die jeden anderen Wert verblassen lässt, und er verachtet die Duckmäuser, Zauderer und Zögerer, die seine Russenfeindschaft nicht in der von ihm für notwendig gehaltenen Unbedingtheit teilen. Insofern ist er ein Vorbild für den freiheitlichen Westen und versteht sich als dessen eigentlicher Antreiber und Vorkämpfer. Diese Sichtweise, das muss man allerdings anfügen, ist nicht ganz deckungsgleich mit der Rolle, die der Westen unter Führung der USA in der kurzen Geschichte der Ukraine tatsächlich eingenommen hat und die bei sachlicher Betrachtung einiges von dem freiheitlichen Furor Selenskyjs und seiner durch das »Böse«[37] ins Visier genommenen Ukraine zurechtrückt.

Denn was Selenskyj als die DNA des ukrainischen Volkes beschwört, hat eine Geschichte, die den Blick darauf lenken könnte, dass dieser sich in vielen Wendungen vollziehende Freiheitskampf ohne tatkräftige Unterstützung der USA und ihrer Verbündeten wohl kaum zu dem Ergebnis geführt hätte, für das heute ein Weltkrieg ins Auge gefasst wird. Zur Rekapitulation deshalb, in aller Kürze, einige sachdienliche Hinweise.

Nach dem Zweiten Weltkrieg entstand – anders als von ukrainischen Nationalisten (auch in Kooperation mit den Faschisten) angestrebt – keine unabhängige, westlich orientierte Ukraine, sondern eine territorial vergrößerte Ukrainische Sozialistische Sowjetrepublik. Die von der ukrainischen nationalen Rechten erbittert bekämpfte Sowjetunion realisierte den »Traum der Vereinigung der ukrainischen Länder unter einer Herrschaft« (Jobst 2015: 222). Nach 1991 gilt die Ukraine in den Augen des Westens als ein Staat, der den Anforderungen einer freiheitlichen Demokratie in keiner Weise genügt. Das »Krebsgeschwür Korruption« (so die Vertreterin der USA bei der UNO, Victoria Nuland) und eine »semi-autokratische« Regierung[38] machen es aus westlicher

---

[37] »Das geballte Böse kam über unser Land. Wir wurden von Mördern, Folterknechten, Vergewaltigern und Plünderern überfallen. Menschen, die sich als Armee bezeichnen und den Tod verdienen, für das, was sie getan haben« (Selenskyj 2022: 123).

[38] »Das politische System der Ukraine oszillierte zwischen 1991 und 2013 auf der Skala politischer Systeme zwischen einer nicht konsolidierten Demokratie und Ausprägungen des Semi-Autoritarismus. Die Vollmachten von Exekutive und Legislative blieben lange Zeit umstritten, und die Verfassung von 1996 verankerte einen Kompromiss, der in sei-

Sicht notwendig, diesem Staat, der sich nicht entschieden genug gegen Russland aufstellt, hilfreich unter die Arme zu greifen.

Bis 2014 arbeitet sich die Ukraine an den Bedingungen ab, unter denen der Westen ihr die nicht näher bestimmte Perspektive eröffnet, sich durch eine »Annäherung« an die NATO und die EU in eine vorteilhaftere Position hineinwirtschaften zu können. In politisch-strategischer Hinsicht bemüht sich der neue Staat an vorderster Stelle um gute Beziehungen zu den freiheitlichen Führungsmächten und deren Militärbündnis – 1994 beteiligt sich die Ukraine als erster Staat aus dem Bereich der GUS am NATO-Programm »Partnership for peace«, 1997 gründet sie unter US-Patronage mit Georgien, Usbekistan, Aserbaidschan und Moldova die GUUAM, ein politisch-militärisches Bündnis als Gegengewicht gegen die russische Machtstellung in der GUS. Umgekehrt bilden die neuen Beziehungen zum Westen[39] aber nur den Auftakt für eine lange Liste von Forderungen der westlichen Staaten. So wurde die Absicht Janukowitschs, nach dem im November 2012 paraphierten Assoziierungsabkommen zwischen der Europäischen Union und der Ukraine die Russische Föderation an dem Abstimmungsprozess zu beteiligen, von der EU abgelehnt und im Gegenzug von der Ukraine die Öffnung der Märkte und die Anpassung an die Gesetze und Normen der Union verlangt. Die für die Ukraine bedeutsame Visumfreiheit ihrer Staatsbürger bei Reisen in die EU war kein Gegenstand der Vereinbarungen, obwohl dies umgekehrt für EU-Bürger bereits seit 2005 galt.

Noch im September 2003 kritisierte der Kooperationsausschuss EU-Ukraine »eine polyzentrische Außenpolitik« der Re-

---

ner bewussten Ungenauigkeit weitere institutionelle Konflikte bedingte« (Sasse 2022: 49).

[39] Dazu gehörte z.B. die Teilnahme an völkerrechtswidrigen Militäreinsätzen des Westens: »Während des Irakkrieges 2003 war die Ukraine an der Koalition der Willigen beteiligt und entsandte 1.650 Soldaten mit militärischem Gerät in den Irak. Mit seinem Kontingent verfügte das Land über die sechstgrößte Truppenstärke im besetzten Irak.« (de.wikipedia.org/wiki/Ukrainische_Streitkr%C3%A4fte)

gierung der Ukraine, da »sie sowohl mit Russland als auch mit der EU enge Beziehungen unterhält. Dies ist keineswegs einfach, und die möglichen Widersprüche einer solchen Politik traten offen zu Tage, als die Ukraine mit Russland, Belarus und Kasachstan im September 2003 das Abkommen über einen gemeinsamen Wirtschaftsraum unterzeichnete. Dieses Abkommen, so wurde sofort eingewandt, könnte dem erklärten Ziel einer Annäherung der Ukraine an die Europäische Union im Wege stehen.«[40]

Russlands Versuch, die Ukraine zum Beitritt in die Russisch-Weißrussische-Kasachische Zollunion zu bewegen, wurde vom ukrainischen Präsidenten Janukowitsch nicht eindeutig abgelehnt. Seine Hoffnung, sowohl mit der EU als auch mit Russland zusammenwirken zu können, wurde im Herbst 2013 vom Präsidenten der EU-Kommission, José Manuel Barroso, wegen der Verweigerung der Unterzeichnung des Assoziierungsabkommens als »zweigleisig« verworfen. Die ukrainische Regierung wurde infolgedessen wegen ihrer zu geringen politischen Annäherung an die EU zur Zielscheibe westlich orientierter nationalistischer Kräfte.[41]

---

[40] Europäisches Parlament, 2004, Bericht über die Arbeit der Delegation im Parlamentarischen Kooperationsausschuss EU-Ukraine, www.europarl.europa.eu/meetdocs/2004_2009/documents/nt/536/536218/536218de.pdf.

[41] In der Regierungserklärung der damaligen Bundeskanzlerin Merkel am 28./29.11.2013 wird die Ukraine umarmt und zugleich kritisiert: »Eine zusätzliche enorme Herausforderung für die Ukraine ist die Haushaltskonsolidierung. Ohne solide Finanzen wird es das Beistandsabkommen mit dem IWF nicht geben können. Wir glauben, dass ein solches Beistandsabkommen mit der Ukraine dringend notwendig wäre. Daran hängen auch die substanziellen bilateralen Kredite der EU als Makrofinanzhilfe, insgesamt mehr als eine halbe Milliarde Euro. Hier ist unser stetiger Rat an die Ukraine, die nötigen Reformen zu unternehmen. Diese Schritte können wir der ukrainischen Regierung nicht abnehmen.« – Vgl. hierzu auch das Interview mit Adam Tooze, britischer Wirtschaftshistoriker und Direktor des European Institute an der Columbia University in New York im »Standard« (12.1.2023, zit. nach Herbert Auinger, »Realpolitik«, cba.fro.at/597452). Tooze: »Wenn es um die langfristige

Nachdem Janukowitsch in einer Stichwahl knapp gegen seinen Gegenkandidaten Juschtschenko gewonnen hatte, wurde er von Präsident Putin beglückwünscht: Damit seien die günstigsten Bedingungen geschaffen, dass die russisch-ukrainische strategische Partnerschaft ein qualitativ neues Niveau erreiche. Die USA, die EU und die OSZE verweigerten diesem Wahlergebnis ihre Anerkennung und drohten mit Sanktionen. Und mit dieser Rückendeckung des Westens verweigerte Juschtschenko seinerseits dem Wahlsieger seine Anerkennung, indem er darauf verwies, dass dies das internationale Ansehen der Ukraine endgültig zugrunde richten würde und die demokratischen Nationen sich von der Ukraine abwenden würden. Er mobilisierte seine Anhängerschaft für den Massenprotest vor dem ukrainischen Parlament und rief sie auf, so lange durchzuhalten, bis die Machtfrage zugunsten der Opposition entschieden sei.

Am 22. Februar 2014 setzte das ukrainische Parlament Janukowitsch, der zuvor nach Russland geflüchtet war, sowie das von seiner Partei der Regionen dominierte Kabinett ab. Dieser Vorgang, der »mit der ukrainischen Verfassung nicht unbedingt in Einklang zu bringen war« (Jobst 2015: 21), wurde rasch mit der Anerkennung der neuen Regierung durch die westlichen Staaten legitimiert und im Mai 2014 mit der Wahl des »Schokoladenkönigs« Petro Poroschenko – »ein offenbar recht flexibler Oligarch« (ebd.: 23) – zum neuen Präsidenten gekrönt.[42]

Finanzierung des Staates geht, stellen sich schnell Fragen nach der Rolle der Oligarchen in Kiew und nach der Korruption dort. […] noch vor zwölf Monaten war die weitläufige Ansicht in den Hauptstädten Europas und in Amerika, dass die Ukraine im Grunde ein gescheitertes politisches Projekt ist, jedenfalls von wirtschaftlicher Seite. Wenn man sich Medienberichte Ende 2021 zum Besuch von Präsident Wolodymyr Selenskyj in Washington beim Internationalen Währungsfonds ansieht, wirkt der kritische Ton von damals heute fast anstößig.«

[42] Kurzes Aufsehen erregte in diesem Jahr ein auf YouTube dokumentiertes Telefonat zwischen der UN-Beauftragten der USA, Victoria Nuland, und Geoffrey Pyatt, in dem die beiden sich darüber verständigten, wer zukünftig die ukrainische Regierung anführen sollte. Nachdem

Nachdem noch im Juli 2010 das ukrainische Parlament ein Gesetz angenommen hatte, das eine Fortsetzung der Partnerschaft mit der NATO als Ziel nannte, aber ausdrücklich das Festhalten der Ukraine an einer Politik der »Blockfreiheit« vorsah, wurde in der Regierung Poroschenko die NATO-Mitgliedschaft der Ukraine als Ziel in die Verfassung aufgenommen. Der deutsche Präsident Steinmeier kommentierte noch 2014: »Man sollte aufpassen, dass man mit bestimmten Entscheidungen nicht noch Öl ins Feuer gießt.«[43]

Am 21. Februar 2014 wurde in Kiew die Vereinbarung über die Beilegung der Krise in der Ukraine unterzeichnet. Die Außenminister von Frankreich, Deutschland und Polen und der Repräsentant des Präsidenten von Russland riefen darin auf, die Gewalt und die Konfrontation sofort zu beenden. Nachdem landesweit die gesamtstaatliche Ordnung zu zerfallen drohte, sah man sich im Westen veranlasst, die Sache selbst in die Hand und die bisherigen Regierungsorgane als von oben installierte Instrumente einer Fremdherrschaft unter Feuer zu nehmen.[44] Die Vereinbarung sah u.a. die Verabschiedung neuer Wahlgesetze vor. Eine neue Zentrale Wahlkommission wurde auf der Grundlage der Verhältnismäßigkeit und gemäß den Regeln der OSZE gebildet.

Nuland Arsenyn Yatseniuk als den besten Kandidaten bezeichnet hatte, ventilierte sie das Problem, ob die EU in eine politische Lösung des Problems in der Ukraine eingebunden sein sollte. Dann fiel der bekannte Satz: »I think, to help glue this thing and have the U.N. help glue it and you know [...] fuck the EU« (en.wikipedia.org/wiki/Victoria_Nuland).

[43] Deutsche Welle, 2014, NATO: Ukraine entscheidet über Beitritt, www.dw.com/de/nato-ukraine-entscheidet-%C3%Bcber-beitritt/a-18106281.

[44] »Die Obama-Administration hat angekündigt, dass sie die Ausbildung ukrainischer Sicherheitskräfte, Übungen mit kleineren Abteilungen, auf das Personal des Verteidigungsministeriums ausdehnen wird ... ähnlich wie die Ausbildung der ukrainischen Nationalgarde.« (Washington Post, AP, 24.7.2015) »Das Innenministerium plant eine neue SWAT-Truppe aufzustellen ... die vermutlich die früheren Sondertruppen wie ‚Berkut' ersetzen soll« (The Problem with Ukrainian Police Reform, Foreign Policy, 29.12.2015).

Russland verweigerte der »Übergangsregierung« zwar jede Anerkennung, einem geordneten Machtwechsel, bei dem am Ende eine gewählte Regierung stehen würde, erteilte es aber keine Absage.

Die neue Regierung sah ihre primäre Aufgabe darin, sich soweit es irgendwie ging, gegen Russland und alles Russische zu positionieren und »die ukrainische Demokratie zu festigen«. In den Ministerien, in Polizei, Justiz, Funk und Fernsehen begann ein energisches Aufräumen – gerichtet gegen alles, was einer verkehrten Affinität zur Vorgängerregierung und zu Russland verdächtig war. Russisch als zweite Amtssprache wurde abgeschafft,[45] der Frontmann der rechten Swoboda-Partei wollte dem friedliebenden ukrainischen Volk schnell den freien Kauf und Besitz von Schusswaffen erlauben und die freie Meinungsbildung im Land durch das Verbot einiger TV-Sender, speziell russischer, befördern. Der neue Verteidigungsminister machte kein Geheimnis aus seiner Überzeugung, dass er den Vertrag über den russischen Flottenstützpunkt für eine unerträgliche Schmach hielt, die schnellstmöglich aus der Welt zu schaffen sei.

Einen besonderen Faktor in der Herausbildung einer ukrainischen antirussischen Staatsidentität spielt die Sprache. In der ersten Zeit nach der Unabhängigkeit unter den Präsidenten Krawtschuk und Kutschma war die Ukraine schlicht zweisprachig. Am 23. Februar 2014, einen Tag nach dem im Namen »universeller Menschenrechte« (Sasse 2022: 53) durchgeführten Staatsstreich, hob die neue Parlamentsmehrheit das 2012 in Kraft getretene »Gesetz über die Grundlagen der staatlichen Sprachpolitik« auf. Im Februar 2018 hob das Verfassungsgericht der Ukraine das Gesetz, das Quoten für russischsprachige Sendungen vorsieht, auf. Am 25. April 2019 verabschiedete das Parlament ein neues Sprachengesetz. Die ukrainische Sprache musste nun nicht nur im öffentlichen Sektor sowie den Organen der lokalen Selbstverwaltung, in gesellschaftlichen Einrichtungen und Organisationen, in Bildung und Wissenschaft, in der Armee und den Sicherheits-

[45] Was Proteste von EU-Seite auslöste, sodass schließlich eine etappenweise Umsetzung dieses Vorhabens erfolgte (siehe unten).

kräften verwendet werden, sondern auch im Gesundheitswesen und im Dienstleistungssektor. Zum Zeitpunkt der Verabschiedung des Gesetzes sprach die Bevölkerung im Osten der Ukraine fast ausschließlich russisch. Die Umbenennung von Straßen und Ortsnamen wurde mit dem Bedürfnis nationaler Identität begründet.[46]

Nach der Präsidentschaftswahl von 2019, die Selenskyj klar gegen Poroschenko gewann, wurde der Umbau der ukrainischen Institutionen im Sinne einer stabilen, westorientierten Regierung[47] mittels eines »Turboregimes« (Sasse 2022: 57) vorangetrieben. Neben der Schwächung des Parlaments als politische Institution wurde durch die Justizreform versucht, dem Hohen Justizrat, der als von Richtern gewähltes und besetztes Organ zu eigenständig agierte, Kompetenzen zu entziehen. Die »Europäische Kommission für Demokratie durch Recht« – die sogenannte Venedig-Kommission, die den Umbau der ukrainischen Justiz überwachte und vorantrieb – übte am Gesetzesentwurf Nr. 1008, einem der ersten Gesetzentwürfe, die Präsident Selenskyj dem neu gewählten Parlament vorlegte, Kritik. Die Verkleinerung des neu geschaffenen Obersten Gerichtshofs wurde von der EU und der Kommission gerügt sowie eine *grundlegende Justizreform* gefordert. Während die Unabhängigkeit der Gerichte in den westlichen Nationen zu den Vorzeigewerten der demo-

[46] Ein besonderes Highlight der nationalen Identitätsfindung ist die Wiederentdeckung faschistischer ukrainischer Führer und Organisationen aus den 1940er-Jahren. 2016 wurde der große Kiewer Boulevard nach Stepan Bandera benannt. Ein weiterer Platz wurde durch den Stadtrat zum »Heldenplatz der UPA« gemacht, benannt nach dem militärischen Flügel der Organisation Ukrainischer Nationalisten (vgl. Auernheimer 2023: 51).

[47] Die Wahl des ehemaligen Schauspielers und TV-Clowns Selenskyj wurde im Westen nicht unbedingt gutgeheißen. Die »Süddeutsche Zeitung« (22.4.2019) z.B. wertete seinen Aufstieg als Ausdruck des »kranken ukrainischen Systems: Er war nur möglich, weil ukrainische Medien von Oligarchen dominiert werden, die bestimmen, wer in ihre Fernsehsender kommt – und wer nicht.«

kratischen Gewaltenteilung zählt, erwies sie sich in der Ukraine als dysfunktional für die Anliegen der »Transformation«, daher sollte ganz schlicht die politische Kontrolle über die Justiz gestärkt werden.[48]

Selenskyj forderte wiederholt eine NATO-Mitgliedschaft seines Landes und setzte den Kurs in Richtung Vollmitgliedschaft *sowohl in der EU als auch in der NATO* fort. Durch die Verfassungsänderung vom Februar 2019 erhob die Ukraine dann diese Doppelmitgliedschaft zum Staatsziel mit Verfassungsrang. Im Juni 2020 erkannte die NATO die Ukraine als »Enhanced Opportunities Partner« an. Dieser Status war Teil des Partnerschaftsprogramms, das darauf abzielt, die Zusammenarbeit zu jenen Partnern zu vertiefen, die bedeutende Beiträge zu NATO-geführten Operationen und Missionen geleistet haben. Als NATO-Partner hat die Ukraine Truppen für Operationen der Alliierten bereitgestellt, darunter in Afghanistan, im Irak und im Kosovo. – Dann kam der russische Angriffskrieg.

Soweit die Vorgeschichte des westlich gesponserten und mit viel Druck erzeugten Wegs des ukrainischen Volkes in die Freiheit, der allerdings durch die russische Einverleibung der Krim[49] und den russisch unterstützten Widerstand gegen die Westorientierung der Ukraine im Osten des Landes getrübt wurde. Die »territoriale Integrität« der Ukraine erweist sich bei alledem als

---

[48] Vgl. hierzu Zhernakov (2020: 1): »Diese Situation zeigte einmal mehr, dass Rezepte für richterliche Selbstverwaltung, die instabilen Demokratien funktionieren, in Transformationsländern wie der Ukraine bestenfalls fragwürdig sind«.

[49] Die Krim hatte im Zuge der Auflösung der UdSSR bereits vor der Ukraine ihre Unabhängigkeit erklärt: »Ein Referendum über die Souveränität fand am 20. Januar 1991 zwei Monate vor dem All-Union-Referendum 1991 im Krimgebiet der ukrainischen SSR statt. Die Wähler wurden gefragt, ob sie die 1945 abgeschaffte Autonome Sozialistische Sowjetrepublik Krim wiederherstellen wollten. Der Vorschlag wurde von 94% der Wähler angenommen.« (de.wikibrief.org/wiki/1991_Crimean_sovereignty_referendum) Die Unabhängigkeit der Krim wurde aber vom ukrainischen Staat ignoriert.

Produkt eines sich immer stärker gegen Russland positionierenden Nationalismus, der auf die Zerstörung der gewachsenen Beziehungen zu Russland gerichtet ist und der Schritt für Schritt russische Interessen als Bedrohung und substanzielle Gefährdung seiner erst noch zu vollziehenden Staatsgründung begreift.

Der ukrainische Nationalismus entwickelte sich nach dem – »faschistischen« (Putin), aus westlicher Sicht aber glorreichen – Majdan-Aufstand, der mit tatkräftiger Unterstützung des Westens den – wegen seiner »Schaukelpolitik« störenden – Janukowitsch aus dem Amt gebracht hatte, in aller Entschlossenheit gegen Russland. Dabei wurde von der ukrainischen Regierung so gut wie alles kritisch unter Beschuss genommen, was aus ihrer Sicht als Unterstützung und Kooperation westlicher Staaten mit dem Feind gewertet werden konnte. Und dabei drehte sie den Spieß sogar um: Aus Sicht des seine »Freiheit« erkämpfenden Staates errichtete nun der Westen, insbesondere Deutschland, immer weitere »Mauern«, die dem ukrainischen Freiheitskampf im Wege stehen und das Verhältnis zwischen dem freiheitsliebenden ukrainischen Volk und westlichen Zauderern geradezu umkehren.

Selenskyj las in diesem Sinne dem Deutschen Bundestag die Leviten und mahnte an: »Es ist nicht die Berliner Mauer, aber eine Mauer mitten in Europa, zwischen Freiheit und Unfreiheit. Und diese Mauer wird immer stärker, mit jeder Bombe, die auf unseren Boden fällt [...]. Wie ist das möglich? Als wir Ihnen sagten, dass die Nord-Stream-Leitungen Waffen sind und der Vorbereitung auf einen großen Krieg dienen, hörten wir die Antwort: ›Es geht hier nur um die Wirtschaft‹. Als wir sie fragten, was die Ukraine tun muss, um NATO-Mitglied zu werden, in Sicherheit zu sein, Sicherheitsgarantien zu erhalten, hörten wir die Antwort: ›Diese Entscheidung steht weder jetzt noch in der näheren Zukunft zur Debatte‹. Genauso zögerten Sie nun bei der Frage nach dem Beitritt der Ukraine zur Europäischen Union. Offen gesagt: Für manche ist das Politik. Doch in Wahrheit sind es Steine. Steine für eine neue Mauer. Als wir sie um präventive Sanktionen baten, wandten wir uns an Sie. Und trafen auf Widerstand. Wir haben verstanden, dass Sie ›die Wirtschaft‹ unterstützen wollten« (Selenskyj 2022: 106).

Nord-Stream, NATO-Mitgliedschaft, präventive Sanktionen – die Liste der Unterlassungen westlicher Zögerer und Zauderer ist aus ukrainischer Sicht beliebig erweiterbar und hat nur einen Inhalt: Allein die bedingungslose Feindschaft gegen Russland hilft der Ukraine wirklich, und wenn der Westen nicht bereit ist, seinen Kapitalismus hierfür aufs Spiel zu setzen, dann erweist er sich als potenzieller Parteigänger der Unfreiheit. Deshalb hat der Krieg aus Selenskyjs Sicht den unverhohlen ausgesprochenen Vorteil, dass er das Blatt ganz *prinzipiell* zu seinen Gunsten ändert. »Von jetzt an haben die Geschichtsbücher ein neues Kapitel: Als die Ukraine die Welt einte. Als die Demokratie wieder wehrhaft wurde. Als die Tyrannei ihre Antwort in einer Sprache erhielt, die sie versteht [...]. Doch die Ukraine hat den gesamten Kontinent gestärkt. Heute gehen die Menschen in Europa auf die Straßen. Heute hat Europa starke Sanktionen verhängt. Heute hat Europa einstimmig beschlossen, dass die Ukraine zukünftiges Mitglied der EU ist« (ebd.: 149).

Nachdem Nord-Stream 2 nun nach Äußerungen der US-Staatssekretärin für Außenpolitik, Victoria Nuland, »ein Haufen Metall auf dem Meeresgrund« ist; nachdem die NATO der Ukraine mit Waffen, Ausbildung, Logistik und allem anderen, was sie zur Verfügung hat, zur Seite steht; nachdem der Westen einen Wirtschaftskrieg gegen Russland führt, in dem er sogar seiner Wirtschaft exorbitante Opfer auferlegt; und seitdem die Ukraine unser aller Freiheit an vorderster Front verteidigt, kann sich Selenskyj in seinem olivgrünen Vorzeigedress zufrieden zeigen und der Welt noch einmal eindringlich verkünden, wofür die Ukraine steht: »Eines baldigen Tages werden geliebte Menschen wieder vereint sein. Unsere Flagge wird wieder über den besetzten Städten wehen. Unsere Nation wird wiedervereinigt sein, und es wird Frieden herrschen. Und die Welt wird nicht länger in Schwarz und Weiß träumen. Sondern allein in Blau und Gelb. Dafür haben unsere Vorfahren gekämpft« (Selenskyj 2022: 145).

Dass der durch die Flagge symbolisierte Sieg den Ruhm der Nation vermittelt, weiß der ukrainische Präsident so gut wie jeder Machthaber auf dem Globus. Dass seine nationalistische Moral, hierfür jedes Opfer in Kauf zu nehmen, ihm selbst zum Ruhm gereicht, ist für ihn selbstverständlich. Dass aber seine Nation zukünftig den freien Westen in die glorreiche Zukunft führt, darf dann doch bezweifelt werden.

9. Exkurs: Der russische Nationalismus und sein patriotischer »Revisionismus«

Dass die Ukraine für Russland nicht nur aufgrund der gemeinsamen Historie, sondern aus höchst aktuellen geopolitischen und militärischen Gesichtspunkten von großer Bedeutung ist, liegt auf der Hand: An der Ukraine hängt für Russland der Stützpunkt seiner Schwarzmeerflotte, im Weiteren, wie viel Kontrolle es noch über das Schwarze Meer und seinen Zugang zum Mittelmeer besitzt, nachdem USA und NATO mittlerweile mit Rumänien und Bulgarien auch die Westküste besetzt haben und sich in Georgien[50] auf der östlichen Seite Stützpunkte geschaffen haben. Mit ihrer Landmasse macht die Ukraine für Russland den Großteil des ihm verbliebenen strategischen Vorfelds zur nach Osten ausgreifenden EU und NATO aus; als Transitland spielt sie auch eine ziemlich entscheidende Rolle dafür, was aus den wirtschaftspolitischen Überlegungen zur Entwicklung einer Energiemacht Russland wird.

Die Ukraine ist aus russischer Sicht aber nicht nur von geostrategischer Bedeutung, sie ist auch ein Territorium, das – wie Putin immer wieder betont – substanziell mit dem russischen Staat

[50] Im März 2023 besucht die deutsche Außenministerin Annalena Baerbock Georgien und dient dem Land eine potenzielle EU-Mitgliedschaft an. Georgien gehört in die EU lautet ihre Botschaft, die ohne die geostrategische Lage dieses Staates wohl noch etwas auf sich hätte warten müssen.

und seiner Geschichte verbunden ist: »Ich betone nochmals: Die Ukraine ist für uns nicht einfach ein Nachbarland. Sie ist integraler Bestandteil unserer eigenen Geschichte, unserer Kultur, unseres geistigen Raums. Es geht um unsere Leute, um Menschen, die uns nahestehen, unter ihnen sind nicht nur Kollegen, Freunde, Menschen, mit denen wir gemeinsam gedient haben, sondern auch Verwandte, wir sind mit ihnen über Bluts- und Familienbande verwoben« (Putin 2022).[51]

Russland begründet seine Sichtweise auf die Ukraine – wie es Nationalisten in der Regel zu tun pflegen – mit der Geschichte. Danach wurde die Ukraine voll und ganz vom bolschewistischen Russland geschaffen und war Teil der von Lenin verfochtenen Staatsdoktrin eines konföderativen, auf weitgehende Unabhängigkeit der Republiken setzenden Staatsaufbaus. Aus heutiger russischer Sicht liegt schon hier ein Kardinalfehler eines russisch-nationalistischen Selbstverständnisses vor, weil damit Verwaltungseinheiten quasi zu Staatsgebilden aufgewertet wurden, die wiederum eigene nationale Bestrebungen entwickelten. »Vom Standpunkt des historischen Schicksals Russlands und seiner Völker waren die Lenin'schen Prinzipien des Staatsaufbaus nicht nur einfach ein Fehler, sie waren sozusagen viel schlimmer als ein Fehler. Seit dem Zerfall der Sowjetunion 1991 ist das vollkommen offensichtlich« – so Putin in seiner Rede an die Nation.

Die im September 1989 auf einer Plenumssitzung des Zentralkomitees der KPdSU gefassten Beschlüsse über die Unionsrepubliken, in denen diesen alle Rechte, die ihrem Status als souveräne sozialistische Staaten entsprachen, zugesprochen wurden und jeder Unionsrepublik eine eigene Staatsbürgerschaft zugestanden wurde, sind vom Standpunkt des heutigen Russlands aus der Sargnagel für die eigentlichen nationalen Interessen.[52]

---

[51] Rede an die Nation, zit. nach zeitschrift-osteuropa.de/blog/putin-rede-21.2.2022/.

[52] Putin täuscht sich, wenn er den erstarkenden antirussischen Nationalismus in der Ukraine allein auf die Bereicherungssucht der ukrainischen Oligarchen zurückführt. Er will einfach nicht wahrhaben, dass

Die russische Führung hat die eigene Staatlichkeit der Ukraine zwar zunächst akzeptiert, ist aber davon ausgegangen, dass diese sich nicht gegen Russland, sondern in Kooperation mit dem Nachbarstaat entwickelt. Das Gegenteil war der Fall und Putin konstatiert öffentlich, dass die Ukraine sich 1991 daran machte, »mechanisch fremde Modelle zu kopieren, die weder mit der Geschichte noch mit der ukrainischen Wirklichkeit etwas zu tun haben« (Rede an die Nation). Die gesamte Staatlichkeit, die die Ukraine auszeichnet, verdankt sich in Putins Urteil westlicher Einflussnahme, und deren Inhalt besteht darin, Russland Schaden zuzufügen:

- Es gibt keine unabhängige Justiz, da internationale Organisationen ein Vorzugsrecht bei der Auswahl der Mitglieder der höchsten Justizorgane haben.
- Die Nationale Agentur für Korruptionsprävention wird unmittelbar von der US-Botschaft kontrolliert. Ebenso das Nationale Antikorruptionsbüro, die auf Korruptionsbekämpfung spezialisierte Staatsanwaltschaft und das Höchste Gericht für Korruptionsangelegenheiten.
- Ausländische Berater üben direkten Einfluss auf alle wichtigen Personalentscheidungen aus, auf alle Bereiche und Ebenen des Staates, bis hinunter in die Kommunen, in den wichtigsten Staatsbetrieben und staatsnahen Konzernen, einschließlich des nationalen Gasversorgers, des Stromversorgers, der ukrainischen Eisenbahnen, des Rüstungskonzerns *Ukroboronprom*, der ukrainischen Post und der Hafenverwaltung.

---

sich hier eine Nation samt ihrem dazugehörigen Volk antirussische Identität verleiht und das »Nazi-Regime« die Prinzipien von freedom and democracy bedingungslos für sich reklamiert: »Der ganze Sinn der sogenannten Entscheidung für die westliche Zivilisation, den die oligarchische Staatsführung der Ukraine getroffen hat, bestand und besteht daher nicht darin, die besten Voraussetzungen für allgemeinen Wohlstand zu schaffen, sondern darin, dem geopolitischen Gegner Russlands unterwürfig zu Diensten zu sein, um so jene Milliarden von Dollar abzusichern, die diese Oligarchen dem ukrainischen Volk geraubt und auf westlichen Bankkonten versteckt haben« (Putin, Rede an die Nation).

In den Augen Russlands befindet sich die Ukraine eigentlich unter westlicher Fremdherrschaft, die es zu beseitigen gilt.

Im Unterschied zur Ukraine, deren Staatlichkeit Russland zwar stets skeptisch gesehen hat, aber letztlich doch zunächst als Tatbestand anerkannt hat, ist aus russischer Sicht die Krim ein integraler Bestandteil russischer Territorialität. Die Halbinsel Krim ist die einzige Region der Ukraine, in der ethnische Russen mit fast sechzig Prozent die Mehrheit stellen. Hinzu kamen knapp 25 Prozent Ukrainer, sodass eine stabile russische Majorität die Halbinsel prägt. Dieser Tatbestand wirkte sich auch auf die Beziehungen der Krim zu Russland unter ukrainischer Herrschaft aus: »Der völkerrechtliche Status der Krim bot jede Menge Konfliktpotenzial zwischen Kiew und dem großen nördlichen Nachbarn, denn seit der Auflösung der Sowjetunion gab es nicht wenige Russen, welche deren Zugehörigkeit zur Ukraine rundweg ablehnten. Tatsächlich galt das 1783 vom Zarenreich annektierte Krimchanat den meisten frühen ukrainischen Patrioten keineswegs als integrales ukrainisches Gebiet, was nebenbei bemerkt auch nur unter eklatanten Umschreibungen der Krim-Geschichte einigermaßen plausibel gewesen wäre« (Jobst 2015: 258).

2008 kam es zwischen Moskau und Kiew zu erheblichen Differenzen, weil im Zusammenhang mit der Südossetien-Krise sich die ukrainische Staatsführung eindeutig auf die Seite des georgischen Präsidenten schlug und Kiew die Vorgehensweise der Russen, russische Pässe an ukrainische Staatsbürger zu vergeben, dadurch zu unterbinden versuchte, dass es eine Doppelstaatsbürgerschaft unter Strafe stellt. In russisch dominierten Städten wie Simferopol und Sewastopol kam es daraufhin zu Anti-Kiew und Anti-NATO-Demonstrationen (ebd.: 261).

2010 garantierte der damalige russische Präsident Medwedew den »Landsleuten« in den ehemaligen Sowjetrepubliken eine »besondere und unverbrüchliche Schutzfunktion« im Falle »besonderer Bedrückungen«. Im Februar 2014 kam es durch zunächst nicht identifizierbare bewaffnete Kämpfer zur russischen Annexion der Krim, nachdem in Folge der Ereignisse des Euromajdan gewählte politische Vertreter in den Gemeinden der Krim abgesetzt wurden. Der russische Staatspräsident begründete die Rückholung der Krim in das russische Staatsgebiet nach der Flucht Janukowitschs aus der Ukraine mit der Gefahr für Leib und Leben der Krim-Bewohner durch die ukrainischen Nationalisten: »Wir dürfen das Gebiet und die Menschen dort nicht dem Schicksal überlassen und dürfen nicht zulassen, dass die Nationalisten sie plattwalzen.«[53]

In einem im März 2014 durchgeführten Referendum stimmten nach Angaben der Wahlkommission 95% der Wählerinnen und Wähler für den Anschluss an Russland. Die Ergebnisse des Referendums wurden weder von der ukrainischen Staatsführung noch vom Westen anerkannt, die russische Annexion der Krim als »völkerrechtswidrig« verurteilt. Der Krim-Regierungschef Aksjonow verkündete daraufhin, er werde alles juristisch Notwendige für einen raschen Anschluss an Russland tun. »An diesem Montag wird sich der Oberste Sowjet der Krim an Präsident Wladimir Putin wenden mit der Bitte, die Krim in die Russische Föderation aufzunehmen«.[54]

Russland – so lässt sich bilanzieren – gründet seinen »Revisionismus« auf einen Nationalismus, der sich auf »die Russen« als die ethnisch bestimmte Volksgruppe bezieht, die die nationale Idee repräsentiert. Diese nationale Idee eines eigentlichen Russlands macht die russische Staatsführung gegen den empirischen Verlauf der territorialen Beziehungen zwischen Russland und der Ukraine geltend und kritisiert ihre Vorgängerregierungen als Schädiger russischer Interessen. Deren laxer Umgang mit der territorialen Idee eines die Russen einigenden Russlands gilt für Putin und seine Regierung als »antirussisch« und es ist nicht zuletzt der Kommunismus, der für diese Vernachlässigung sub-

---

[53] Siehe: www.deutschlandfunk.de/russland-putin-raeumt-befehl-zur-krim-annexion-ein-102.html. In seiner im selben Jahr gehaltenen jährlichen Rede zur Lage der Nation hatte Putin die besondere Bedeutung der Krim für Russland betont: »Für Russland hat die Krim eine riesige zivilisatorische und sakrale Bedeutung. Wie der Tempelberg in Jerusalem für die Muslime und die Juden.«

[54] Sergej Aksjonow zit. nach: Deutschlandfunk, 16.3.2014, deutschlandfunk.de.

stanzieller Staatlichkeit verantwortlich zu machen ist. So steht in den Augen der russischen Staatsführung ein »eigentliches« Russland einer – dazu noch schamlos vom Westen ausgenutzten – russenfeindlichen Staatlichkeit gegenüber, die Russen unterdrückt. Diesen Tatbestand gilt es aus russischer Sicht zu korrigieren.

Der westliche Vorwurf, Russland wolle die Grenzen der alten Sowjetunion wiederherstellen, erweist sich vor dem Hintergrund dieses Staatsprogramms als ziemlich haltlos. Der russische Nationalismus will ein geeintes Russland der Russen, die es, wie bei jeder völkischen Idee, zusammenzuhalten gelte. Dieser völkisch motivierte Nationalismus ist im Übrigen auch im Westen nicht unbekannt, man muss den Blick nicht nur auf Polen oder Ungarn richten, um Belege für dessen Attraktivität zu finden.

10. Der Angriffskrieg: Russlands Kampf um Selbstbehauptung und sein Verstoß gegen die Weltwerteordnung-

Am Tag des Einmarsches russischer Truppen in die Ukraine, von Putin (der die etablierte staatliche Identität der Ukraine bestreitet) als »militärische Spezialoperation« bezeichnet, begründet der russische Präsident sein Handeln damit, dass er keine Chance mehr auf eine Respektierung seiner Sicherheitsinteressen durch die NATO sieht: »Es ist wohlbekannt, dass wir im Verlauf der vergangenen 30 Jahre beharrlich und mit Geduld versucht haben, die Führungen der NATO-Staaten von den Prinzipien der gleichen und unteilbaren Sicherheit in Europa zu überzeugen. Als Antwort auf unsere Vorschläge haben wir stets entweder zynischen Betrug und Lügen erhalten, oder es wurde Druck auf uns ausgeübt, man wollte uns erpressen. Und währenddessen wurde die Nordatlantik-Allianz ungeachtet unserer Bedenken immer weiter vergrößert. Die Militärmaschine ist in Bewegung, und, wie gesagt, sie steht schon an unseren Grenzen« (Putin 2022).[55]

[55] Putin, Ansprache am Morgen des 24.2.2022, zit. nach: zeitschrift-osteuropa.de/blog/.

Nachdem Präsident Obama die Russische Föderation schon beiläufig auf das Niveau einer »Regionalmacht« herabgestuft hatte und die USA auch unter Trump und Biden ihrem Gegenspieler Putin, der wiederholt auf eine ausgewogene Sicherheitsarchitektur und eine Berücksichtigung der postsowjetischen Sicherheitsinteressen gedrungen hatte, die veränderte Rangordnung der Weltmächte kompromisslos deutlich machten, zieht die russische Staatsführung die Reißleine. Sie kommt zu dem Schluss, dass sie ihre nationale Sicherheit nur durch eine entscheidende Schwächung des ihr feindlich gesonnenen Nachbarstaats Ukraine gewährleisten kann, dessen Westorientierung es zu unterbinden gilt.

Russland gesteht damit zugleich ein, dass sein seit dem Zerfall der Sowjetunion betriebenes Anliegen, als *gleichberechtigter Partner* der Weltpolitik zu agieren und am globalen kapitalistischen Weltgeschäft zu partizipieren, gescheitert ist. Kooperation, nicht Konfrontation war ja die russische Leitlinie: Am Anfang stand die Suche nach einer Weltordnung, in der Russland den aus seiner Sicht angemessenen Platz in der globalen Sicherheitsordnung erhält. Noch im März des Jahres 2000 gab Putin seine Auffassung kund, dass er sich eine NATO-Mitgliedschaft Russlands durchaus vorstellen könne, *»solange Russlands Interessen Berücksichtigung finden und es ein gleichberechtigter Partner ist«*.[56] Drei Monate danach bot Putin dem US-Präsidenten Clinton, der mit einem – angeblich gegen iranische Mittelstreckenraketen gerichteten – Raketenabwehrsystem in Polen und Tschechien liebäugelte, vergeblich den Aufbau eines gemeinsamen Abwehrsystems an, das die USA, Russland und Europa vor Angriffen von »Schurkenstaaten« schützen sollte. Außerdem offerierte er Europa eine Energieallianz. In der im selben Jahre verabschiedeten russischen Militärdoktrin wurde die NATO nicht einmal namentlich erwähnt.[57]

---

[56] Zit. nach: »Der Krieg fiel nicht vom Himmel«, Nachdenkseiten, 5.6.2022.

[57] Putin in seiner Rede vor dem Deutschen Bundestag: »Eine der Errungenschaften des vergangenen Jahrzehnts war die beispiellos nied-

Im Oktober 2001 hielt Putin vor dem Deutschen Bundestag eine Rede, in der er um eine intensive Zusammenarbeit mit dem wiedervereinigten Deutschland warb. Zweieinhalb Monate später, am 13. Dezember 2001, gab George W. Bush bekannt, dass sich die USA einseitig aus dem ABM-Vertrag zurückziehen wollten. Die Kündigung des ABM-Vertrags war (nicht nur aus russischer Sicht) ein weiteres Indiz für eine grundlegende Neuorientierung der US-Außen- und Sicherheitspolitik. Sie ging zurück auf Weichenstellungen, die bereits George Bush der Ältere 1990/91 vorzunehmen versucht hatte, indem er vor dem Hintergrund des Kollapses der Sowjetunion und des Warschauer Pakts auf eine US-hegemoniale »Neue Weltordnung« setzte.

Zu diesem Zweck wurde die NATO auf neue Ziele verpflichtet wie etwa den Kampf gegen den internationalen Terrorismus, den Kampf gegen die Proliferation von Nukleartechnologie, die Sicherung der Rohstoffquellen und des freien Welthandels sowie auf die Verwirklichung von Menschenrechten weltweit. So jedenfalls wurde es bereits in der Römischen Erklärung der NATO von 1991 formuliert.[58] Gleichzeitig hatten die USA unter Präsident George W. Bush damit begonnen, ein Rüstungsprogramm zu entwickeln, mit dessen Hilfe Interkontinentalraketen abgefangen werden können, die »Nationale Raketenabwehr« (National Missile Defense, NMD). Den ABM-Vertrag hatten die USA nach den Terroranschlägen vom 11. September 2001 gekündigt, um sich –

---

rige Konzentration von Streitkräften und Waffen in Mitteleuropa und in der baltischen Region. Russland ist ein freundlich gesinntes europäisches Land. Für unser Land, das ein Jahrhundert der Kriegskatastrophen durchgemacht hat, ist der stabile Frieden auf dem Kontinent das Hauptziel. Wie bekannt, haben wir den Vertrag über das allgemeine Verbot von Atomtests, den Vertrag über die Nichtverbreitung von Kernwaffen, die Konvention über das Verbot von biologischen Waffen sowie das START-II-Abkommen ratifiziert. Leider folgten nicht alle NATO-Länder unserem Beispiel.« (Zit. nach Nachdenkseiten, 5.6.2022).

[58] Vgl. AG Friedensforschung 2001, www.ag-friedensforschung.de/themen/ABM-Vertrag/bruch.html.

so ihre Argumentation – mit neuen Abwehrsystemen gegen befürchtete Angriffe aus »Schurkenstaaten« schützen zu können.

2019 wurde ein weiterer wichtiger Baustein des Systems der Rüstungskontrolle von den USA einseitig storniert: der 1987 geschlossene Vertrag über die vollständige Beseitigung aller auf Land stationierten Nuklearraketen mit einer Reichweite von 500 bis 5.500 Kilometern (INF-Vertrag). Präsident Trump kündigte – einseitig, wie bereits erwähnt – den INF-Vertrag. Die russische Regierung reagierte mit der Stellungnahme, dass sie den Vertrag weiterhin für ein wichtiges Element in der Architektur der internationalen Sicherheit und der strategischen Stabilität halte. Darum werde sich das Land an die dort festgeschriebenen Regeln halten und keine der im Vertrag festgelegten Raketen auf seinem europäischen Boden stationieren. Polen forderte unmittelbar nach Aufkündigung des INF-Vertrages amerikanische Atomraketen in Europa. »Es liegt in unserem europäischen Interesse, dass amerikanische Truppen und Atomraketen auf dem Kontinent stationiert sind«, sagte der polnische Außenminister Jacek Czaputowicz dem Nachrichtenmagazin »Der Spiegel«.[59]

Czaputowicz schloss nicht aus, dass eines Tages auch NATO-Atomraketen in Polen stehen könnten. »Das wünschen wir uns überhaupt nicht«, sagte er. »Aber es hängt alles davon ab, wie sich Russland in Zukunft verhält, ob es seine aggressive Rüstungspolitik fortführt. Darüber müsste die NATO als Gemeinschaft entscheiden«. Russland verstehe nur die Sprache der Stärke. Russlands Präsident bot als Reaktion darauf ein Moratorium für die Stationierung landgestützter atomarer Kurz- und Mittelstreckenraketen an, wenn auch die NATO-Staaten auf die Stationierung neuer Atomraketen in Europa verzichteten.

2021 formulierte die russische Regierung einen neuen Forderungskatalog. Dazu gehörten der Rückzug jeglicher NATO-Truppen aus den östlichen Mitgliedstaaten – die Grundakte hatte

---

[59] »Polens Außenminister für US-Atomwaffen in Europa«, 1.2.2019, www.spiegel.de/politik/ausland/inf-abkommen-polnischer-aussenminister-fordert-us-atomraketen-in-europa-a-1251157.html.

eine permanente Präsenz ausgeschlossen und zum Rotationsprinzip der NATO-Streitkräfte geführt –, die Annullierung der 2008 auf dem NATO-Gipfel von Bukarest formulierten Absichtserklärung, die Ukraine und Georgien demnächst in die NATO aufnehmen zu wollen, sowie zusätzliche Sicherheitsgarantien. Die USA hatten unter Präsident George W. Bush beiden Ländern einen Aktionsplan mit konkreter Mitgliedschaftsperspektive anbieten wollen.

Die Reaktion der NATO auf die russischen Forderungen ließ an Eindeutigkeit nichts zu wünschen übrig: »Am 26. Januar 2022 machte die NATO klar, dass ein genereller Stopp der Osterweiterung für sie indiskutabel sei. Sie zeigte aber durchaus einen Verhandlungsspielraum in der Frage nach der Art und den Orten der NATO-Präsenz an der Ostgrenze der NATO auf« (Sasse 2022: 96).

Am 24. Februar 2022 bilanziert Putin in seiner bereits erwähnten Rede: »Es geht um das gesamte System der internationalen Beziehungen und betrifft manchmal selbst die Verbündeten der USA. Nach dem Zerfall der Sowjetunion begann faktisch eine Neuverteilung der Welt, bei der die geltenden Regeln des Völkerrechts – die wichtigsten, grundlegenden wurden nach dem Zweiten Weltkrieg formuliert und hielten im Wesentlichen dessen Ergebnisse fest – den selbsterklärten Siegern des ›Kalten Kriegs‹ auf einmal im Weg standen. Erst die ohne Zustimmung des Sicherheitsrats der Vereinten Nationen durchgeführte blutige Militäroperation gegen Belgrad, bei der mitten in Europa Kampfflugzeuge und Raketen eingesetzt wurden [...]. Dann kam der Irak an die Reihe, dann Libyen, dann Syrien. Der illegitime Einsatz militärischer Gewalt gegen Libyen, die Verdrehung sämtlicher Beschlüsse des Sicherheitsrats der Vereinten Nationen zu dem Thema hat zur völligen Zerstörung dieses Staates geführt, und die Folge war, dass dort ein riesiger Herd des internationalen Terrorismus entstand, dass das Land in eine humanitäre Katastrophe gestürzt wurde [...]. Ein ähnliches Schicksal erwartete auch Syrien. Die Militäraktionen der westlichen Koalition auf dem Territorium Syriens ohne Zustimmung der syrischen Regierung und ohne Mandat des Sicherheitsrats der Vereinten Nationen waren nichts anderes als eine Aggression, eine Intervention«.

Der Angriffskrieg, der wie jeder Krieg auf der Welt aus Sicht der Beteiligten ein Verteidigungskrieg ist, beginnt. Der ukrainische Präsident Selenskyj reagiert auf die russische Intervention, indem er die Verteidigung der Ukraine mit der Verteidigung der Demokratie in der ganzen Welt in eins setzt und den freiheitlichen Westen zur Mobilmachung gegen Russland aufruft: »Heute hat Russland einen Einmarsch begonnen, Putin hat einen Krieg mit der Ukraine, mit der ganzen demokratischen Welt begonnen. Er will meinen Staat vernichten. Er will unseren Staat vernichten – alles, was wir aufgebaut haben, wofür wir leben. Ich wende mich an alle Ukrainer, vor allem an alle Militärs, die sich schon dem ersten Angriff des Feindes stellen mussten und ihn gebührend zurückweisen: Ihr seid mutig, ihr seid ungebrochen, denn ihr seid Ukrainer [...]. Ich habe mit Biden, Johnson, Charles Michel, Duda, Nausėda gesprochen – wir beginnen eine Anti-Putin-Koalition zu bilden. Wir haben die Weltführer aufgerufen, alle möglichen Sanktionen gegen Putin zu betätigen, eine massive Verteidigungsunterstützung in die Wege zu leiten, den Luftraum über der Ukraine für den Aggressor zu schließen. Gemeinsam müssen wir die Ukraine retten, die demokratische Welt retten – und wir werden es tun. Ruhm der Ukraine!«.[60]

In seiner Rede vor dem US-Kongress am 16. März 2022 präzisiert Selenskyj seine Vorstellung einer durch die USA repräsentierten und zu verteidigenden Werteordnung, für die dieser Krieg stellvertretend stehe: »Es genügt heute nicht mehr, die Nation zu führen. Heute gilt es, die Welt zu führen. Und die Welt zu führen bedeutet, in den Frieden zu führen« (Selenskyj 2022: 101).

Das Szenario eines *Stellvertreterkrieges*, in dem die Ukraine unter tatkräftiger Unterstützung der »freien Welt« dem russischen Aggressor die Stirn bietet, ist damit offen ausgesprochen

[60] Zit. nach: Zeit-Online, Die Videobotschaften von Wolodymyr Selenskyj im Wortlaut, www.zeit.de/politik/ausland/2022-02/ukraine-wolodymyr-selenskyj-russland-krieg-videobotschaften.

und die brutale Logik des Krieges, in dem aufgrund gegensätzlicher staatlicher Interessen mit unerbittlicher Konsequenz dem Feind Schaden zugefügt werden soll, beginnt sich zu entfalten. Dabei steht der Krieg von Anfang an – das gehört zur Rolle des Stellvertreters – für die Unterscheidung einer *guten*, weil freiheitlich-demokratischen Werteordnung gegen eine *böse*, weil autokratisch-repressive *Staatsidee.* Vor diesem Hintergrund sollen sich auch alle Einwände desavouieren, die darauf hinweisen, dass die USA doch ebenfalls mehrfach das Völkerrecht gebrochen haben, andere Staaten überfallen und keineswegs zimperlich bei der Durchsetzung ihrer Staatsinteressen sind.[61]

Denn die Prinzipien der westlichen Werteordnung, die es gegen Russland zu verteidigen gilt, sind so grundsätzlich und abstrakt, dass ihre empirische Realität demgegenüber auf den Umfang einer Quantité négligeable zusammenschmilzt. Diese Prinzipien sind mit Rechtsstaatlichkeit, Demokratie und zwischenstaatlichem

[61] Vgl. hierzu Oskar Lafontaine, der den propagandistischen Ton der Debatte um die NATO und ihre Verteidigungsinteressen kritisiert und eine von den USA unabhängige europäische Sicherheitspolitik fordert: »Diese Überlegungen können doch nur zu dem Ergebnis führen, dass wir Europäer eine eigene Sicherheitsstruktur aufbauen müssen – ohne die USA. Denn diese Überlegungen entlarven die Lebenslüge der NATO: Immer wieder wird behauptet, die NATO sei ein reines Verteidigungsbündnis und sie würde niemanden bedrohen. Aber die NATO ist nichts anderes als ein geopolitisches Instrument der USA, einer Macht, die zur Durchsetzung ihrer Interessen in aller Welt verdeckte Kriege, Wirtschaftskriege, Drohnenkriege und Bombenkriege führt« (Lafontaine 2022: 19). Es sei hier nur darauf hingewiesen, dass dies keine exzentrische Position ist – weder im Ausland noch in den USA selber. Der damalige SPD-Außenminister Gabriel hielt 2017 auf der Münchner Sicherheitskonferenz gegen den Trump-Kurs fest, »Amerika« könne »nicht die Führungsmacht bleiben«, die EU habe Anspruch auf »eine Partnerschaft auf Augenhöhe« (»Das Scheitern der europäischen Autonomie«, German foreign policy, 17.2.2023). Zu den Auseinandersetzungen in der politischen Klasse der USA vgl. Branko Marcetic, »Die USA wussten, dass man Russlands rote Linien bei der NATO-Expansion überschritt« (Telepolis, 17.2.2023).

Gewaltverbot als Anforderung an die Machthaber über Land und Leute bestimmt und aus ihnen leitet sich logisch die Achtung der Souveränität, territorialen Integrität und Unversehrtheit aller Staaten sowie das Selbstbestimmungsrecht der Völker ab.

Es wäre nun ein Leichtes für den Alltagsverstand, nach der Übereinstimmung dieser Prinzipien mit dem sicherheitspolitischen Handeln des Westens zu fragen und von Kuba über Libyen, vom Irak bis hin zu Ex-Jugoslawien eine gewisse Nicht-Übereinstimmung von Wort und Tat festzustellen. Aber für das moralische Bewusstsein ist das *reale* sicherheitspolitische Handeln des »freien Westens« gar nicht von Belang. Dieser handelt im Sinne einer prinzipiell guten Sache und, auch wenn es dabei zu Kollateralschäden kommt, kann die Norm der guten Absicht nicht in Zweifel gezogen werden.[62]

Dass die normative *Vorstellung* von einer Sache das Denken bestimmt, könnte man für die Harmlosigkeit eines verträumten Idealismus halten. Dem ist aber beileibe nicht so.[63] Denn wenn

---

[62] Um noch einmal auf die Moralkritik Hegels zurückzukommen, aus der sich vieles über die gegenwärtige moralische Verstiegenheit des öffentlichen Beweinens der vielen Toten, der unvorstellbaren Grausamkeiten des Krieges und der sich daraus zwingend ergebenden Konsequenz, mit immer mehr und immer schwereren Waffen »Frieden« zu schaffen, lernen ließe: »Seine eigene Wirklichkeit sowie alle gegenständliche Wirklichkeit gilt ihm zwar als das Unwesentliche; aber seine Freiheit ist die Freiheit des reinen Denkens, welcher darum zugleich die Natur gegenüber als ein ebenso Freies entstanden ist. Weil beides auf gleiche Weise in ihm ist, die Freiheit des Seins und das Eingeschlossensein desselben in das Bewusstsein, so wird sein Gegenstand als ein seiender, der zugleich nur gedacht ist; in dem letzten Teile seiner Anschauung wird der Inhalt wesentlich so gesetzt, dass sein Sein ein vorgestelltes ist, und diese Verbindung des Seins und des Denkens als das ausgesprochen, was sie in der Tat ist, das Vorstellen« (Hegel 2017: 451).

[63] Die Vorstellung, Deutschland müsse sich aus der Schande des Versailler Vertrages lösen und wieder als Nation bewähren, hat z.B. der Unterscheidung zwischen jenen, die deutsch sind, und jenen, die dies nicht oder nur in verkappter Weise sind, Gewicht gegeben. Dass nach dieser rassistisch gesetzten Unterscheidung erstere – im Prinzip – die guten

das Denken in Prinzipien (in diesem Fall: des werteorientierten Westens) sich einmal entfaltet, dann wird die Wirklichkeit tatsächlich so gedacht, wie es das Prinzip erfordert. Der russische Angriffskrieg liefert hierfür Material in Hülle und Fülle, sodass wir uns auf ein Beispiel beschränken.

Gwendolyn Sasse, Direktorin des Zentrums für Osteuropa- und internationale Studien (ZOiS) und Einstein-Professorin an der Humboldt-Universität, äußert sich in ihrem Buch »Der Krieg gegen die Ukraine« auch zu dem Angriffskrieg. Dabei führt sie exemplarisch vor, wie ein bereits feststehendes Urteil oder Prinzip – Russland ist durch sein gesamtes Handeln als völkerrechtswidriger Aggressor zu verurteilen – durch das Denken der Wirklichkeit, so wie sie sein *soll*, Bestätigung findet. Hierzu einige Beispiele aus der genannten Veröffentlichung:

- *Putin verstößt mit seinen diplomatischen Vorstößen nicht nur gegen das diplomatische Protokoll, sondern formuliert auch noch ultimative Forderungen:* »Im Dezember 2021 legte Putin den USA und der NATO jeweils einen Katalog mit ultimativen Forderungen vor, mit dem er eine nicht-spezifizierte Drohung verband. Russland war offenbar nicht an einem Verhandlungsprozess interessiert. Die Veröffentlichung der Forderungen widersprach dem diplomatischen Protokoll und unterstrich die Öffentlichkeitswirkung, auf die es der Kreml angelegt hatte« (Sasse 2022: 93).
- *Bekundungen der NATO, die Ukraine und Georgien aufzunehmen, sind ambivalent und eigentlich gar nicht so ernst zu nehmen, wie sie formuliert sind*: »Herausgekommen war eine ambivalente Formulierung im Abschlusskommuniqué, die mit ihrem Versprechen ohne Zeitrahmen und Weg viel Raum für

---

nationalen Kräfte sind und letztere diejenigen, die Deutschland schaden, hat dann zur Identifizierung des Übeltäters im Konstrukt des »Juden« als grundsätzlichem Staatsfeind geführt und seine Konsequenzen im Tragen eines Judensterns bis hin zur »Endlösung der Judenfrage« gehabt: das Resultat einer moralischen Vorstellung, die sich auf zynische Weise in der Welt geltend gemacht hat.

Spekulation ließ. Es hieß dort: ›Die Ukraine und Georgien werden Mitglieder der NATO werden‹. Das war eine prinzipielle Zusage für einen Beitritt, jedoch ohne klare zeitliche Perspektive. Von Russland konnte diese Formulierung als Bedrohung dargestellt werden; zugleich gab sie der Ukraine und Georgien nicht genügend Sicherheit« (ebd.: 94f.).

- *Das Gorbatschow gegebene Versprechen, die NATO nicht nach Osteuropa auszudehnen, muss als Produkt des Zeitgeistes gewertet werden. Was danach geschah, konnte niemand voraussehen und muss als Herausforderung der NATO und EU gewertet werden:* »Es wurde kein Vertrag geschlossen und die Vorstellungskraft der Beteiligten war überfordert: 1990 überstiegen die Auflösung der gesamten Sowjetunion, das Ende des Warschauer Pakts und die daraus resultierende Sicherheitspolitik unabhängiger ostmitteleuropäischer Staaten die gemeinsame Vorstellungskraft der an den Verhandlungen Beteiligten. Es wurde kein Vertrag geschlossen, der alle Eventualitäten der Zukunft abdecken konnte oder sollte. Nach 1991 formulierten dann die ostmitteleuropäischen Staaten auf der Grundlage ihrer Souveränität und sicherheitspolitischen Unabhängigkeit ihr Interesse an einer NATO- und EU-Mitgliedschaft und forderten diese Institutionen zu einer Neuorientierung heraus« (ebd.: 95f.).
- *Die kompromisslosen Antworten der NATO und der USA auf die Forderungen Moskaus müssen eigentlich – so der durchgehende Subtext – als Verhandlungsangebot gewertet werden. Russlands Insistieren auf einem wirklichen Verhandlungsangebot muss als Ausblendung der Realitäten gewertet werden und ist seine eigene Schuld:* »Die USA und die NATO gingen Anfang 2022 insofern auf Russlands Ultimatum ein, als dass sie schriftliche Antworten lieferten. Am 26. Januar machte die NATO klar, dass ein genereller Stopp der Osterweiterung für sie indiskutabel sei. Sie zeigte aber durchaus einen Verhandlungsspielraum in der Frage nach der Art und den Orten der NATO-Präsenz an der Ostgrenze der NATO auf. Russland hatte dieses Thema als ‚sekundär' bezeichnet und zeigte da-

mit einmal mehr, dass es nicht bereit war, Verhandlungen an einem realistischen Punkt zu eröffnen« (ebd.: 96f).

Die Liste dieser von einer prinzipiell feststehenden Verurteilung Moskaus getragenen Einlassungen, für die der Übeltäter von vornherein feststeht und die NATO dafür gelobt wird, ihre ablehnende Haltung *schriftlich* zu formulieren, ließe sich beliebig fortsetzen. Sie demonstriert beispielhaft eine Vorgehensweise wissenschaftlicher Analysen zu dem Thema, in der jeder *offensive* Schritt des Westens zur Eingrenzung und Beschränkung russischer Selbstbehauptungsansprüche als eigentlich *defensives* Angebot gewertet wird, das an den russischen Realitätsverweigerern und Sturköpfen scheitert.

Also kam es, wie es kommen musste: »Was folgte und was offenkundig selbst große Teile der politischen Führung seines Landes überraschte, war aus Wladimir Putins Sicht nicht allein der Versuch, die Ukraine zu erobern, sondern, immer noch, die internationale Ordnung zu Russlands Gunsten zu wenden. Er muss geglaubt haben, durch eine schnelle Unterjochung der Ukraine – für ihn die Speerspitze westlichen Ausgreifens gegen Russland – den Druck auf den Westen so erhöhen zu können, dass dieser zu Konzessionen bereit sein werde. Ein fataler Trugschluss« (von Fritsch 2022: 125).

Nachdem die internationale Neuordnung nun einmal zuungunsten Russlands verlaufen ist, kann man dessen Handeln nur als eigentlich unvorstellbare Realitätsverleugnung werten. Und weil Putin mit seinem Krieg so prinzipiell gegen die in der Realität verankerten westlichen Werte verstößt, sich dabei auch noch verrechnet hat, kann der Frieden nur gleichbedeutend mit seiner *Niederlage* sein. Aber da eröffnet sich dem moralischen Denken ein neues Problem: Wie könnte der Inhalt der Niederlage, positiv Frieden genannt, eigentlich aussehen?

In der »Westdeutschen Allgemeinen Zeitung« (WAZ)[64] findet sich ein Beispiel, wie sich die kriegsaffine Begeisterung für einen

[64] Die folgenden Zitate nach: Alexander Marinos, »Was unser Kriegsziel ist? Die Ukraine darf nicht verlieren!«, WAZ, 17.2.2023.

möglichen Sieg der Ukraine mit der Formulierung eines realistischen Friedens-, pardon: Kriegsziels kombinieren lässt. Hierzu nimmt sich der Autor erst einmal die falschen Friedensengel vor, die, in Gestalt von Sahra Wagenknecht und Alice Schwarzer, doch glatt einen »Stopp der Waffenlieferungen und zugleich Friedensverhandlungen« fordern. »Es gehört schon ein gewisses Maß an Skrupellosigkeit dazu, sich in einem Manifest als Friedensengel aufzuspielen, wenn es in Wahrheit nicht um Frieden geht, sondern um: Unterwerfung«. Da es für die »Möchtegern-Friedensengel« zwischen »Schießen und Zurückschießen« keinen Unterschied gibt, muss ihre Friedensinitiative als direkte Feindunterstützung gewertet werden.

Nicht viel besser ergeht es dem Friedensaufruf des Philosophen Jürgen Habermas, der »in seinem jüngsten Weckruf keinen Weg« aufzeige, »wie Verhandlungen mit Putin erreicht werden können«. An dessen realitätsfremden Appell – »Was sollte man dem Kriegsverbrecher denn anbieten, damit der ›sein Gesicht wahren‹ kann?« (WAZ) – lasse sich aber immerhin insofern anknüpfen, als er Reflexionen darüber anregt, »was der Unterschied zwischen einem Sieg über Russland und dem Nicht-verlieren-Dürfen der Ukraine« eigentlich bedeutet. Da der »Diskursethiker« Habermas hierauf keine schlüssige Antwort zu geben vermöge – Habermas' Plädoyer für einen Waffenstillstand und Verhandlungen auf der Grundlage des »Status quo ante« am 23.2.2022 scheitere, so der kundige Leitartikler, am Diskurspartner Putin –, stellt sich dem Redakteur die Frage, was denn ein realistisches Kriegsziel sein könnte, das zugleich einen *Sieg der Ukraine* verbürgt. Der Vorschlag des sich keineswegs des Defätismus verdächtig machenden Leitartiklers hierzu ist sicherlich nicht das letzte Wort zum Thema, wird soweit absehbar noch eine Vielzahl »realistischerer« Antworten provozieren, hat aber immerhin die *Qualität einer Weltkriegsdrohung*: »Den Unterschied zwischen ›siegen‹ und ›nicht verlieren‹ könnte die Krim machen. Eine Rückeroberung der Krim, so wünschenswert das auch wäre, kann kein realistisches Kriegsziel des Westens sein«.

Das Fazit dieser breit geteilten Kriegsmoral: Für den Westen ist der russische Angriffskrieg eine Herausforderung, die nur durch einen Sieg über Russland angemessen beantwortet werden kann. Wer dies durch voreilige, der Kapitulation vor dem Feind verdächtige Friedensappelle zu unterwandern versucht, dem muss entschieden die Rote Karte gezeigt werden. Wo zu Beginn des Krieges die besorgte Frage nach einem möglichen Weltkrieg schon die Suche nach einer die moralischen Prinzipien erfolgreich durchsetzenden Gewalt erkennen ließ, ist ein Jahr später der Krieg nur noch ein Problem seiner Ziele.

Dabei steht der Sieg über Russland für Selenskyj schon 2023 in Aussicht, die dazu notwendigen Fluggeräte und sonstigen Mittel wird bzw. soll der Westen beschaffen, so sein Mantra. Somit verteidigen auch in diesem Krieg - wie in jedem anderem - Staaten ihre Interessen mit der dazu notwendigen Gewalt. Der von allen Kriegsgründen emanzipierte Sprachgebrauch eines »grundlosen Angriffskriegs« bereichert allerdings das Repertoire der Bloßstellung eines Gegners, dem man schon seit Langem die Verteidigung seiner Sicherheitsinteressen als Verstoß gegen die geltende Sicherheitsordnung angelastet hat. Das »Leid in der Ukraine« kann deshalb gar nicht genug beweint und gebrandmarkt werden: Es durch Friedensverhandlungen zu beenden, wäre ein Verstoß gegen das moralisch Gebotene, und deshalb muss – Tote hin oder her – an der Gewalt unbarmherzig festgehalten werden.

Teil II:
Die wissenschaftliche und publizistische Verurteilung des Krieges: Eine Lektion in vaterländischer Kriegsmoral

1. Die publizistische Pflege der Kriegsmoral »ohne das Geschäft Russlands zu besorgen«

Die Öffentlichkeit von Marietta Slomka bis zur BILD-Zeitung ist empört über den russischen Angriffskrieg und lässt keine Gelegenheit aus, ihre Abscheu vor den russischen Kriegsverbrechen medial zu verbreiten. Ihre Aufgabe einer stets kritischen, mit Entschiedenheit auf das Gelingen nationaler Vorhaben drängenden Berichterstattung nimmt sie auch im Falle des Ukrainekriegs wahr. Wo der Feind steht, muss dabei ebenso wenig thematisiert werden, wie die in immer neuen Varianten aufgeworfene Frage, ob die Mittel auch ausreichen, ihm entscheidende Schläge zu versetzen.

In einem Beitrag der »Süddeutschen Zeitung« vom Februar 2023[1] wird geradezu exemplarisch vorgeführt, wie sich die Parteilichkeit der medialen Feindbekämpfung harmonisch mit einer Publizistik verbindet, die den Deutschen reinen Wein einschenken will und gleichzeitig mit dem heißen Wunsch nach einem richtigen Kriegsausgang ringt. Unter der Überschrift »Kriegspartei Deutschland? Wir können offen reden« wird dabei zunächst das ausgesprochen, was auch einmal gesagt werden muss:

- »Ukrainische Soldaten schießen mit ›deutschen‹ Panzerhaubitzen auf russische Truppen«.

[1] Alle in Anführungszeichen gesetzten Zitate stammen aus dem Artikel von Kurt Kister, SZ vom 11.2.2023.

- »Auf Übungsplätzen und Kasernen in Deutschland trainieren ukrainische Soldaten und Soldatinnen den Gebrauch anderer Waffensysteme und deren taktischen Einsatz.«
- Ukrainische Soldaten bekämpfen mit »deutschen Waffen russische Flugkörper«.
- »Deutschland steht, wenn auch deutlich hinter den USA, quantitativ und mittlerweile auch qualitativ an der Spitze jener Länder, die der Ukraine mit Ausbildung, militärischem Gerät und Geld Unterstützung gegen den Angriffskrieg Russlands leisten.«

Die Aufzählung, die nach Ansicht des Autors beliebig fortgesetzt werden könnte, dient zunächst einmal einem Urteil, für das es diese Auflistung gar nicht gebraucht hätte: Deutschland ist in diesem Krieg Partei und das ist gut so! Eigentlich laufen die Überlegungen des Autors auf das Wort »Kriegspartei« hinaus – aber dann ist ihm wohl ein von Kanzler Scholz ständig wiederholter Satz in den Sinn gekommen, was ihn stutzig macht: »Warum sagt dann Bundeskanzler Olaf Scholz immer wieder, Deutschland sei auf keinen Fall ›Kriegspartei‹?«.

Diese Frage muss aufgeworfen werden, so die Logik des Beitrags, weil moralische Festlegungen der Sache nicht unbedingt dienlich sind. Der Autor will es sich bei der Überprüfung der Moralismen allerdings nicht leicht machen. Deshalb blickt er zunächst auf das Völkerrecht, das zwar »manchmal so formuliert ist, wie nur Juristen sprechen«, aber die »territoriale Unversehrtheit« vor Gewaltanwendung schützt und deshalb den russischen Angriffskrieg zum *Unrecht* macht. Gegen dieses Unrecht wehrt sich die Ukraine und deshalb steht erst einmal unerschütterlich fest, dass Deutschland die Ukraine bei ihrer »Selbstverteidigung« unterstützt und somit keine Kriegspartei ist.

Doch da gibt es den »unter Umständen dummen Satz« von Annalena Baerbock:[2] »we are fighting a war against Russia [...]«, mit

---

[2] Die grüne Außenministerin hat das ausgesprochen, was sie denkt (siehe die Einleitung dieser Schrift). Dass dies in dieser Form gegenwärtig noch nicht opportun ist, bringt ihr zwar gelegentlich etwas Ärger ein,

dem – so die kundige Wertung des Autors – das Kanzleramt »verbreiten, feststellen und betonen« will: »Das was wir tun ist richtig, und wir dürfen es auch«. Wenn Deutschland sich als kriegführend gegen Russland versteht, selbst aber keine Waffengewalt einsetzt, also »keine direkte Kriegsbeteiligung von Deutschland und der NATO« beobachtet werden kann, dann – und hierauf will der Autor den Leser aufmerksam machen – »besteht die Gefahr, dass beide Ziele in absehbarer Zeit kollidieren«.

Für diesen Fall – den man ja nur als *direkte Kriegsbeteiligung* Deutschlands und der NATO lesen kann – gilt es publizistische Vorarbeiten zu leisten und sich über die Konsequenzen der kriegerischen Parteilichkeit des Westens Klarheit zu verschaffen. Hierzu müssen zunächst ein paar russische Legenden aus dem Weg geräumt werden:

- Dazu gehört Putins »Verschwörungsideologie«, die Ukraine bedrohe Russland und sei eigentlich kein Staat, gegen den man Krieg führen könne.
- Dazu gehört auch die »russische Behauptung, dass der Westen, die NATO, die USA einen Stellvertreterkrieg gegen Russland führten, indem sie die Ukraine für sich kämpfen ließen«.

---

stört sie aber auch nicht besonders. Denn in der Ukraine »vergewaltigen, foltern und töten Russen Frauen und Kinder« (so Baerbock im TV) und diesem Treiben will sie Einhalt gebieten. Zwar hätte eine deutsche Außenministerin viel zu tun, wenn sie die Welt wirklich von den genannten Verbrechen befreien wollte, aber darum geht es gar nicht. Sie knüpft kongenial an einen bellizistischen Moralismus an, den schon ihr Vorgänger, Joschka Fischer, kalkulatorisch zu handhaben wusste. Nachdem Fischer im Vorfeld des Kosovokriegs Kriegsgegner als »Weißwäscher eines neuen Faschismus« bezeichnet hatte, kommentierte er den Kampfeinsatz im Kosovo mit den Worten: »Die Bomben sind nötig, um die serbische SS zu stoppen«. Bleibt anzumerken, dass der erste Krieg, der nach 1945 wieder von deutschem Boden ausging und durch die rotgrüne Bundesregierung ermöglicht wurde, die völkerrechtswidrige Abspaltung des Kosovo von Jugoslawien gegen den Willen der Regierung in Belgrad erzwang – Donezk und Luhansk lassen grüßen. (Vgl. zum grünen Bellizismus und der Entwicklung einer Protestpartei zum Kriegsakteur Rude 2023.)

- Und dazu gehört, dass Russland ein »substanzielles politisches Interesse« daran hat, dass die NATO und Deutschland als Kriegsparteien wahrgenommen werden.

Wenn Deutschland Krieg gegen Russland führt und die Russen in der ihnen eigenen Perfidie Deutschland zur Kriegspartei erklären, dann gilt folgendes Urteil: »Das muss man wissen und bedenken«. Und um die Sache nicht so einfach zu machen, fügt der Autor ein Gedankenspiel an: »Ist also der Betrieb diverser Logistikeinrichtungen in den NATO-Nachbarstaaten der Ukraine etwas grundsätzlich anderes, als wenn diese Logistikstützpunkte in der Ukraine lägen, betrieben von NATO-Soldaten, die nicht in Kämpfe eingreifen«? Das Ideal eines siegreichen Stellvertreterkrieges ohne direktes Eingreifen der NATO steht dem Autor zwar vor Augen; aber da dieser ja gar keiner ist, liegt der Ball schon wieder bei den Russen, die letztendlich entscheiden, wer gegen sie Krieg führt und wer nicht: »Würde Russland also einen solchen Stützpunkt nicht angreifen, um nicht zu eskalieren – oder erst recht angreifen?«

Der Artikel strebt jetzt seiner eigentlichen Botschaft zu und wirft einen entscheidenden Gesichtspunkt auf, nämlich den, dass der »Schritt von der Parteilichkeit zur Kriegspartei mehr als nur eine semantische Frage ist«. Man könnte nämlich meinen, dass ein offenes militärisches Engagement nicht das einzige Kriterium dafür sein kann, ob ein Land an einem Krieg beteiligt ist.

Der Westen hat sich aus Sicht des Autors nicht nur zu lange gesträubt, in seinem Afghanistan-Engagement das Wort Krieg auszusprechen; er muss sich auch auf die noch bei Putin liegende »Eskalationsdominanz« vorbereiten und deswegen ist es an der Zeit, dass endlich einiges klar ausgesprochen wird: »Nach den Panzern geht es jetzt um Kampfjets, und die Debatten über taktische Raketensysteme oder Kampfhubschrauber werden auch nicht lange auf sich warten lassen«. Da bislang der »große Kommunikator« Wolodymyr Selinskyj die »Eskalationsdominanz« gegenüber den parteiischen »Nicht-Kriegsparteien« hat, muss man sogar noch einen Schritt weiterdenken: »Allerdings könnte auch Putin weiter eskalieren, im schlimmsten Fall mit dem Rückgriff auf taktische Nuklearwaffen«. Das muss »offen ausgesprochen« werden, ist keine »Aufforderung zum Appeasement«, richtet sich vielmehr gegen Denkverbote, die nur Putin nützen und deshalb nicht geeignet sind, »die Sicherheit und nicht einmal die Entschlossenheit des Westens« zu fördern.

Es gilt, so die unverhohlene Botschaft für die Nicht-Kriegspartei Deutschland, einen möglichen Atomkrieg ins Auge zu fassen. Demgegenüber – so die Meta-Botschaft des Artikels – ist die Frage, ob Deutschland Kriegspartei ist oder nicht, zu vernachlässigen, weil die Konsequenzen des kriegerischen Engagements einer Nicht-Kriegspartei nicht genügend durchdacht sind. Eines – und diese *kriegsmoralische Belehrung* wollen sich die SZ und ihr Autor nicht ersparen – darf auf keinen Fall passieren: dass der Westen und Deutschland vor Putins Eskalationsdominanz kapitulieren und ihre Entschlossenheit zur Kriegsführung Schaden nimmt. Man kann der Dialektik von Krieg führender Nicht-Kriegspartei auch noch eine weitere Botschaft entnehmen: Eine für das Gute Partei nehmende Moralität sollte Bedenkenträgern unsachgemäßer Moralismen rechtzeitig die Grenzen aufzeigen. Die Botschaft lautet: Putin darf nicht gewinnen, auch wenn es einen Atomkrieg kostet.

2. »Nie wieder hilflos« – die Nation muss machtvoller agieren (können)

In seinem Manifest »Nie wieder hilflos!« sieht der außenpolitische Sprecher der CDU/CSU-Fraktion, Norbert Röttgen, Deutschland und Europa in einer prekären Lage. Der Angriff Russlands auf die Ukraine sei ein fundamentaler Angriff auf die Friedensordnung, die in Europa nach dem Ende der Blockkonfrontation begründet wurde. Aus seiner Sicht kam diese Wende in der Geschichte von Europa »für die meisten von uns völlig überraschend«: »Ein europäischer Regierungschef nach dem anderen nahm am Ende des absurd langen Tisches im Kreml Platz, und alle versuchten, mit guten Worten den russischen Präsidenten von einem Krieg gegen die Ukraine abzuhalten. Mehr als gute Worte hatte jedoch keiner anzubieten« (Röttgen 2022: 11).

Diese vorgestellte Hilflosigkeit (es fehlten wirksame Mittel, um Putin von seinem Tun abzuhalten) führt Röttgen darauf zurück, dass Deutschland in der Vergangenheit bewusst einen *bequemen Weg* gewählt habe. Dabei sei schon lange klar gewesen, dass angesichts der international immer stärker werdenden Konfrontation eine Politik der Vorausschau, Initiative, Resilienz und Robustheit erforderlich gewesen sei. Aber: »Wir haben die Bequemlichkeit und ihre Verteidigung der Realität und den unausweichlichen Veränderungsnotwendigkeiten, die in ihr liegen, vorgezogen« (ebd.: 84). Die Umstandslosigkeit, mit der Röttgen aus dem Ukrainekrieg auf eine neue strategische Antwort schließt, die eine Stärkung des deutschen geopolitischen »Konfliktlösungspotenzials« zur Folge haben muss, ist der Auftakt zu einer schon vorgedachten Neuordnung der Welt mit neuer *deutsch-europäischer Führungsverantwortung*. Dafür müsse Deutschland neu definieren, »wer wir sind und was wir in der Welt wollen« (ebd.: 93), und das heißt nicht mehr und nicht weniger, als dass Deutschland seinen Führungsanspruch neu definieren und mit entsprechenden Mitteln unterfüttern muss.

Wenn in der Ukraine unsere Freiheit verteidigt wird, dann sind damit nicht solche banalen Angelegenheiten wie Urlaubsreisen, Zeitungslektüre oder der Besuch von Wahlveranstaltungen gemeint, sondern *Ordnungsfragen* von prinzipieller Bedeutung. Die neuen Verantwortlichkeiten, die Deutschland aus dem russischen Vorgehen zuwachsen, sind ein tieferer imperialistischer[3] Zugriff auf die osteuropäischen Staaten und deren Integration in NATO und EU. »Die neue europäische Ostpolitik richtet sich

---

[3] Dass der russische Feind (neo-)imperialistisch agiert, ist im Westen weitgehend Konsens. Dass die Rede vom Imperialismus darauf verweist, wie sehr die Benutzungs- und Abhängigkeitsverhältnisse des modernen Staatenverkehrs Gegensätze und damit eine dauernde Kriegsträchtigkeit einschließen, wird dabei aber meistens verschwiegen. Weiteres zu diesem Punkt siehe Kapitel 5 in Teil I.

nicht nur an die Staaten innerhalb der EU und der NATO, sondern sie muss ausgreifen auf die beiden Gruppen der Staaten, die zwischen der Europäischen Union und Russland liegen, also die östliche Nachbarschaft der EU und den westlichen Balkan. Es ist das europäische Interesse, diese Staaten zu stabilisieren und sie politisch zu integrieren. Das Erstere wird ohne das Letztere nicht funktionieren« (ebd.: 105).

Doch die schon am Horizont aufscheinende neoeuropäische Großmacht unter deutscher Führung hat ein Problem. Darauf macht Röttgens Kollege Klaus von Dohnanyi aufmerksam, den ebenfalls die Schlussfolgerungen aus den zu beobachtenden geopolitischen »Umbrüchen« umtreiben. Denn die USA »dominieren mit ihren nationalen Interessen die Entscheidungen unseres Kontinents« (von Dohnanyi 2022: 28). Europa müsse sich eingestehen, dass die Europäer »Objekt US-amerikanischen geopolitischen Interesses« sind und »niemals wirklich Verbündete« waren, denn »wir hatten nie ein Recht auf Mitsprache« (ebd.: 37). Ein Krieg auf europäischem Boden hat deshalb aus der Sicht von Dohnanyi auch einen gravierenden Nachteil: »Viele Europäer erkennen inzwischen, was bei einer Verteidigung Europas durch die USA auf europäischem Boden herauskäme: ein erneut total zerstörtes Europa, aber ein völlig unbeschädigtes US-Amerika« (ebd.: 118).

Während von Dohnanyi Deutschlands Führungsrolle primär in einer Stärkung der Wirtschaftskraft und der Stärkung nationaler Interessen in Europa verortet – »Die Vertretung nationaler Interessen in Europa sollte deswegen nicht leichtfertig mit Nationalismus verwechselt werden« (ebd.: 155) –, schreiten die USA und ihre NATO-Verbündeten zur Tat. Auf dem NATO-Gipfel in Madrid stehen die Norderweiterung, ein neues Strategisches Konzept und die militärische Neuaufstellung auf der Tagesordnung. »Der NATO-Gipfel von Madrid im Juni 2022 hat eine umfassende Neuausrichtung der Allianz auf den Weg gebracht. Das zeigen drei zentrale Beschlüsse: die Verabschiedung des neuen Strategischen Konzepts, die angekündigte Aufnahme Finnlands und Schwedens sowie die militärische Neuaufstellung.

Der russische Angriffskrieg gegen die Ukraine wirkt dabei teils als Auslöser (Norderweiterung), teils als Katalysator, der Entwicklungen beschleunigt, die sich bereits seit langem abzeichnen (militärische Neuaufstellung). Ausgangspunkt für diese Beschlüsse ist die Feststellung, dass Russland derzeit die größte Bedrohung darstellt. Folglich priorisiert die NATO jetzt kollektive Verteidigung im euroatlantischen Raum, während das zuvor dominierende internationale Krisenmanagement (etwa in Afghanistan) an Bedeutung verliert. Dieser Fokus wird das kommende Jahrzehnt prägen. Deutschland hat dafür einen Führungsanspruch formuliert. Um ihn umzusetzen, muss sich die Bundeswehr mit Blick auf Ausstattung, Einsatzbereitschaft und Finanzierung besser aufstellen« (Major/Swistek 2022: 1). Die Europäer sind aufgefordert, ihre NATO-Beiträge zu verbessern und zu erhöhen, sodass sie zukünftig mindestens 50% der NATO-Planungen umsetzen.

Es deuten sich also schon konkrete Maßnahmen an, die die »Hilflosigkeit« deutscher und europäischer Geopolitik beenden und die militärische Schlagkraft erhöhen. Der Ukrainekrieg erweist sich in dieser Perspektive als eine Gelegenheit, mit alten Bedenklichkeiten und Arbeitsteilungen aufzuräumen und die wahre Essenz nationaler Handlungsfähigkeit neu zu justieren: Nur durch militärische Schlagkraft und »robuste« Kriegsfähigkeit sind die neuen »geopolitischen Herausforderungen« zu bewältigen, und wer dabei im Visier der kämpferischen Wertegemeinschaft steht, braucht nicht besonders betont zu werden. »Eine militärische Verteidigung Europas ohne konventionelle und nukleare Beiträge der USA und deren politische Führung ist in den kommenden 10 bis 15 Jahren unrealistisch. Die Europäer können aber ihre Beiträge sukzessive steigern. Die Beschlüsse von Madrid sind folglich vor allem Hausaufgaben für die Europäer – und insbesondere für die, die wie Deutschland aufgrund ihres wirtschaftlichen und politischen Gewichts die Allianz prägen« (ebd.: 2).

Wie die »Zeitenwende« das Nachdenken über Deutschlands Führungsrolle in der Welt beeinflusst und patriotisch gesinnte Wissenschaftler geradezu euphorisch werden lässt, demonstriert ein Berliner Machtanalytiker. Im Jahr 2015 machte sich der renommierte Politikwissenschaftler Herfried Münkler Gedanken über die Zukunft eines führungsstarken Deutschlands. Aus seiner Sicht bedarf es neuer »sicherheitspolitischer Leitideen« einer »Macht in der Mitte« (Münkler 2015: 154). Dabei ist der Begriff »Macht in der Mitte« mehr als eine geografische Bezeichnung: »Es ist eine politische Position, in der sich erhöhter Einfluss mit gesteigerter Verantwortung verbindet, in der ein Mehr an Macht mit einem Mehr an Verpflichtung zusammenkommt« (ebd.: Klappentext). Ausgangspunkt seiner Überlegungen ist eine »Paradoxie« des Europaprojekts, die Deutschland zunehmend eine Schlüsselrolle einnehmen lässt. Hierzu zählt er die Finanzkrise, in der Deutschland die Hauptlast der Schuldenbewältigung zu tragen hatte. Hierzu zähle aber auch in besonderer Weise die »von Russland ausgehende Destabilisierung von Räumen an der europäischen Peripherie«, auf die die Europäer reagieren mussten. Dabei kommt er zu einem aus heutiger Sicht überraschenden Ergebnis: »Mit dem Verzicht der USA, in der Ukraine-Frage eine Führungsposition zu übernehmen, ist diese Aufgabe zwangsläufig der Bundesrepublik Deutschland zugefallen« (ebd.: 152).

Nun mag die Halbwertzeit politikwissenschaftlicher Analysen und Prognosen immer kürzer ausfallen (ganz zu schweigen davon, dass bei weit über 50 Milliarden Dollar an »Hilfsmaßnahmen« für die Ukraine wohl kaum von einem Verzicht auf Einmischung seitens der USA gesprochen werden kann). Was Münkler aber umtreibt, ist die Sorge hinsichtlich einer »politischen Vulnerabilität« Deutschlands, die es zu überwinden gelte. Dies kann – so die Analyse aus der Perspektive einer »Macht in der Mitte« – nicht mittels eines populistischen Nationalismus geschehen, da dieser allein schon durch historische Vorbilder desavouiert sei. Angesagt ist demnach eine Führungsaufgabe Deutschlands, die das europäische Projekt zu ihrem Mittel macht, weil allein für Deutschland gelten soll, dass das europäische Gemeinwohl mit seinem Partikularwohl ziemlich identisch ist.

Und auch hier gilt die schon von Anderen geforderte neue »Robustheit« bei der Überwindung der traditionellen Hilflosigkeit. Deutschland muss – so Münklers unmissverständliche Forderung – auch wieder »Zuchtmeister« werden: »Das verfasste Europa ist zu groß und zu komplex geworden, als dass sich seitens einer Macht in der Mitte die alte und bequeme Rolle des leading from behind weiterhin praktizieren ließe. In ganz anderem Maße als früher und außerdem mit viel größerer Entschiedenheit ist auf die Einhaltung der Verträge zu achten und dafür zu sorgen, dass die Union nicht in satter Selbstzufriedenheit notorisch über ihre Verhältnisse lebt und dabei den Anschluss an die dynamische Entwicklung der Weltwirtschaft verliert. ›Zahlmeister‹ kann auf Dauer nur sein, wer auch bereit ist, die schwierige Rolle eines ›Zuchtmeisters‹ zu spielen. Das ist eine weitere Definition der Macht in der Mitte: dass sie beides, ›Zahlmeister‹ wie ›Zuchtmeister‹ zu sein bereit und in der Lage sein muss« (ebd.: 179f.).

2022 nun sieht Münkler diese Vision »buchstäblich zertrümmert« (Münkler 2022: 4). Der Einmarsch Russlands in die Ukraine habe das Projekt einer »regelbasierten, auf Werte gestützten und von Normen getriebenen Weltordnung mit der europäischen Friedensordnung als Kernbestand und globalem Vorbild« (ebd.: 9) ad acta gelegt. Zwar könnte man die Frage stellen, warum in dieser Friedensordnung die NATO bis an die Grenzen Russlands vormarschiert und das Nachbarland Ukraine die NATO-Mitgliedschaft zum Verfassungsrang erhebt – aber diese Fragen sind unsinnig, weil der Feind ja bereits feststeht und sich nun endgültig entlarvt hat. Aus dem Dilemma einer »irreparablen Friedensordnung« ergibt sich – so der Professor für Theorie der Politik – letztlich nur eine Konsequenz: Frieden schaffen mit mehr Waffen. Denn »es war unvermeidlich, wieder stärker zu militärischer Macht als Abschreckungsmittel und Sicherheitsgarant zurückzukehren« (ebd.). Das allein soll aber nicht reichen.

Denn es entsteht ein weiteres folgenreiches Problem: »Das Erfordernis zur Entwicklung einer neuen Nuklearstrategie des Westens, die auf Russlands fortgesetzte atomare Eskalationsdrohung reagiert« (ebd.). Unterhalb der Schwelle einer atomaren Kriegsoption ist für den Berliner Politikwissenschaftler die Aufrechterhaltung einer Friedensordnung nicht denkbar. Die – angesichts der Realität eines mit westlichen Waffen und westlicher

Unterstützung auf allen Ebenen geführten Stellvertreterkriegs – eigenwillige Behauptung Münklers, Putin habe durch seine nukleare Eskalationsdrohung »den Westen von der Unterstützung der Ukraine abzuhalten« versucht, »also auch von der Verteidigung der Regeln des Völkerrechts«, lässt sich, so die Schlussfolgerung, nur durch eine nukleare Option für den Einsatz militärischer Macht beantworten.

Der neue Nationalismus sieht sich durch den Ukrainekrieg nicht nur herausgefordert, er definiert nicht nur neue Führungsaufgaben geopolitischer »Krisenbewältigung«, die es zu meistern gilt, er weiß auch um den Korrekturbedarf: militärische Aufrüstung und Zuschlagsfähigkeit bis hin zur Option eines Atomkriegs. In dieser Sichtweise sind der Ukrainekrieg und Russlands Weigerung, die Legitimation der NATO-Osterweiterung mit dem Argument des Selbstbestimmungsrechts der Nationen zu akzeptieren, das Aufdecken einer prinzipiellen Schwäche einer zu wenig robusten und auf (militärische) Durchsetzungsfähigkeit ausgerichteten Politik. Der Vorwurf des »Appeasement« steht zwar im Raum, entscheidend aber ist in der deutsch-nationalen Betrachtung des Krieges die Überwindung der »Hilflosigkeit« durch die Gewinnung von Kriegsfähigkeit, die Erweiterung der Möglichkeiten zur militärischen Eskalation und die Mobilisierung der Gesellschaft für (deutsche) Führungsaufgaben, die nach dem Scheitern der europäischen »Friedensordnung« ganz selbstverständlich auf der Agenda stehen.

So ziehen Nationalisten aus einem Gewaltakt den Schluss, dass mehr Gewalt zukünftig vonnöten sein wird, um der Nation zu Erfolg zu verhelfen. Der Krieg produziert eine Kriegsmoral, die sich durch die von Marietta Slomka und andere vorgetragenen und bebilderten Gemetzel nicht beeindrucken lässt: Nationalisten denken politikstrategisch und es ist für sie selbstverständlich, dass das Volk wird begreifen müssen, dass die Zeiten, wo lau gebadet wurde, vorbei sind. Diese Botschaft verkünden auch verantwortliche Damen und Herren in elaborierten politischen Funktionen, die ihre Liebe zu Militär, Rüstung und Waffen öffentlich demonstrieren und sich in der öffentlichen Rolle des unbeugsamen Putingegners zu gefallen wissen. Aber sie tun das beileibe nicht für sich, sondern für die Werte, für die wir alle einstehen.

3. Exkurs: Führungsmacht Deutschland und Kriegsmacht Europa

Kurz nach der Annexion der Krim hielt die spätere EU-Kommissionsvorsitzende Ursula von der Leyen in der Katholischen Akademie in Bayern einen Vortrag, in dem sie die sicherheitspolitischen Herausforderungen Deutschlands und Europas zum Thema machte. In ihren Ausführungen – nicht zufällig unter dem Titel »Wir haben die Verantwortung« – verwies sie auf ihr »gemeinsames Credo« mit dem damaligen Außenminister Frank-Walter Steinmeier. In diesem »Münchener Konsens«, der auf die Sicherheitskonferenz von 2014 zurückgeht, wird gefordert, dass Deutschland mehr sicherheitspolitische Verantwortung übernehmen, also im Klartext: mehr Macht entfalten muss.

»Angesichts seiner politischen Rolle und Relevanz und angesichts seines ökonomischen Gewichtes kann Deutschland nicht am scharfen Ende beiseite stehen und die anderen machen lassen, sondern ist verpflichtet, selber auch mehr Verantwortung auf seine Schultern zu nehmen. Es ist unsere moralische Pflicht und es entspricht unseren Interessen.«[4] Von der Leyen formuliert hier einen militärischen Führungsanspruch Deutschlands, der dessen bisherige Rolle als führende Wirtschaftsmacht in der EU kritisch in den Blick nimmt: Es sei eben zu groß, um Weltpolitik ›nur von der Außenlinie‹ zu kommentieren, hatte schon Steinmeier 2014 auf der Münchener Sicherheitskonferenz verkündet.

Mit dem Ukrainekrieg wird die Frage, ob Deutschland und Europa als eigenständige Kriegsmacht handlungsfähig sind, neu aufgeworfen und eine Abhängigkeit von Amerika festgestellt,

---

[4] »Wir haben die Verantwortung, uns zu engagieren«, Zur Debatte, 1/17, hrsg. von der Katholischen Akademie in Bayern.

die neue rüstungspolitische Aufgaben für die EU und veränderte militärstrategische Optionen mit sich bringen soll. Die grüne Außenministerin formuliert dies im Sommer 2022 ganz ohne ihre sonstigen moralischen Imperative, als eine Politik der Stärke ohne Wenn und Aber.

»Jetzt ist der Moment da, in dem wir sie schaffen müssen: eine gemeinsame Führungspartnerschaft. [...] Und es obliegt meinem Land innerhalb der Europäischen Union, das maßgeblich mit voranzubringen. [...] Die EU muss ein stärkerer sicherheitspolitischer Akteur werden, ihre Rüstungsindustrien müssen stärker miteinander verbunden werden, und sie muss in der Lage sein, militärische Missionen durchzuführen, um Regionen in ihrer Nachbarschaft zu stabilisieren«.[5]

Der Tatbestand, dass in allen militärpolitischen Entscheidungen bislang »die USA mit am Tisch sitzen«, soll dem von Frankreich schon seit Längerem geforderten Projekt eines Europa mit »strategischer Souveränität« (Macron) einen neuen Drive verleihen. Und hierfür ist die Schlagkraft einer Atommacht Europa ein nicht unwichtiger Gesichtspunkt. Im Gegenteil. In einem Interview mit der Tageszeitung »Die Welt« (25.7.2022) weist Wolfgang Schäuble als profilierter strategischer Politikdenker auf die entscheidende Perspektive hin: »Klar ist: Wir müssen sehr viel mehr auf diesem Gebiet tun. Nachdem Putins Helfershelfer jeden Tag mit einem Atomschlag drohen, steht für mich unverrückbar fest: Wir brauchen auch auf europäischer Ebene die nukleare Abschreckung. Über diese verfügt Frankreich. Aus ureigenem Interesse müssen wir Deutsche im Gegenzug für eine gemeinsame Nuklearabschreckung einen finanziellen Beitrag für die französische Nuklearmacht leisten.«

Mitgedacht ist hier die Notwendigkeit eines Zugriffs Deutschlands auf französische Atomsprengköpfe. Der ließe sich nach Schäubles Überzeugung durch ein »nukleares Mitspracherecht« erlangen, was sich für ihn relativ problemlos darstellt. Denn, so

[5] Annalena Baerbock, Rede an der New York School 2022, zitiert nach: Wagner 2022: 88.

heißt es weiter in dem Interview, »Frankreich und Deutschland als Nachbarn liegen so eng nebeneinander, dass es keinen Unterschied zwischen dem deutschen und französischen Verständnis von gemeinsamen Gefahren gibt«. Die EU darf und soll demnach nicht länger als »Hilfsorganisation der NATO« agieren,[6] wie der Politikwissenschaftler Wolfgang Streeck formuliert.

Und die EU unternimmt gegenwärtig einiges, um dem Ziel strategischer Souveränität einen Schritt näher zu kommen: Mit nahezu vier Milliarden Euro wird ein Fonds aufgelegt, um die Mitgliedstaaten für ihre Militärbeiträge an die Ukraine zu entschädigen. Bundeskanzler Scholz kritisiert den unkoordinierten Aufbau von Waffensystemen und die Konkurrenz von Rüstungsindustrien der Mitgliedstaaten und fordert eine stärkere Vereinheitlichung bei den militärischen Mitteln. Dabei zeigt der Streit mit Frankreich um die European Sky Shield Initiative (ESSI), dass es im Rahmen der europäischen militärischen Kooperation auch immer um die Stärkung der eigenen Nation geht, die hiermit ihren Führungsanspruch fundamentieren will (vgl. Charrier 2023).[7]

---

[6] Streeck kommentierte Schäubles Wunsch als »verzweifelte Illusion«. Für ihn steht dieser Option die Abhängigkeit von der Atommacht USA gegenüber, die ein solches Projekt nicht akzeptieren werde: »Eine der Säulen der US-Macht in Europa ist die deutsche Unterschrift unter den Atomwaffensperrvertrag Anfang der 1960er Jahre, die Deutschland für seine Verteidigung während des Kalten Krieges vom amerikanischen Nuklearschirm abhängig machte. Heute besteht diese Abhängigkeit in der Präsenz einer unbekannten Anzahl amerikanischer Atombomben auf deutschem Boden sowie in der Lizenz für die deutsche Luftwaffe, auf amerikanisches Kommando amerikanische Atomsprengköpfe mit von den Vereinigten Staaten gekauften Kampfflugzeugen zu von den Amerikanern ausgewählten Zielen zu transportieren, was offiziell als ›nukleare Teilhabe‹ bezeichnet wird« (Wolfgang Streeck, »AusgetrEUmt«, in: Makroskop – Magazin für Wirtschaftspolitik, 8.9.2022).

[7] »Macron sieht im deutschen Projekt eine Absage an den Rüstungsstandort Europa. Denn mit der Beschaffung von Luftverteidigungssystemen aus Israel (Arrow 3) und Amerika (Patriot) würde die EU nicht nur der teuersten Option den Vorrang geben. Sie würde, so Macron, eine

Die Militärmacht Europa muss – so die Schlussfolgerung aus dem Ukrainekrieg – vorangetrieben werden und eine einheitliche Schlagkraft gewinnen. Wer bei dieser Einheitlichkeit seinen Führungsanspruch stärken und durchsetzen kann, darüber wird weiter gerungen. Dass die Ukraine geostrategisch zur EU gehört, daran lassen die Militärhilfen und sonstigen Unterstützungsangebote an die Ukraine keinen Zweifel. Und zur geostrategischen Vereinnahmung gehört selbstverständlich auch die Frage der Mitgliedschaft der Ukraine in der Europäischen Union. Ob die Ukraine in der Lage ist, die hierzu notwendigen »Strukturreformen« (Olaf Scholz u.a.) in naher Zukunft durchzuführen, mag angesichts der Zerstörung des ukrainischen Territoriums und der vielen anstehenden »Anpassungs«-Aufgaben und angesichts der langen Liste potenzieller Beitragskandidaten zwar fragwürdig sein. Entscheidend ist aber, dass die Ukraine schon jetzt die Werte der EU verkörpert und somit *ideell* bereits als Mitglied gewertet werden kann. Die EU-Kommissionspräsidentin hat die besonderen Vorzüge dieser ideellen Zugehörigkeit zur EU in der ihr eigenen Art kurz und bündig zusammengefasst und zu einer frohen Botschaft ausformuliert: »Die Ukrainerinnen und Ukrainer sind bereit, für die europäische Perspektive zu sterben. Wir wollen, dass sie mit uns den europäischen Traum leben« (Ursula von der Leyen auf Twitter).

4. Streitbarer Militarismus: neue Führungsaufgaben mit den richtigen Werten

»Was Deutschland jetzt lernen muss«, weiß die FDP-Abgeordnete Marie-Agnes Strack-Zimmermann.[8] Denn aus ihrer Sicht besteht in Deutschland »eine große Aversion dagegen, in Einfluss-

---

einzigartige Gelegenheit verstreichen lassen, ihre industrielle und technologische Verteidigungsbasis zu stärken« (Charrier 2023).

[8] Die FDP-Frontfrau Strack-Zimmermann agiert äußerst vorausschauend in Sachen Verteidigung demokratischer Grundwerte. Deshalb

sphären zu denken« (Strack-Zimmermann 2022: 26). Damit sich das ändert, muss den Deutschen erst einmal vermittelt werden, wie glücklich sie sich schätzen dürfen, in diesem Land zu leben: »Denn dass es uns gut geht, ist eben nicht selbstverständlich und auch kein Naturgesetz« (ebd.: 41). Da die Deutschen sich zu sehr daran gewöhnt hätten, in Frieden und Freiheit zu leben und die Demokratie zu genießen, fühlt sich die FDP-Politikerin aufgerufen, Klartext zu reden. Und hierfür kommt ihr der Ukrainekrieg gerade recht, denn dieser erfordere von Deutschland *neue Führungsaufgaben* in der Welt, für die aufgerüstet werden muss, für die robuste Kriegseinsätze möglich gemacht werden müssen und für die eine allseitige Militarisierung der Gesellschaft mit der Bundeswehr an vorderster Front das notwendige Mittel ist, »Resilienz« zu erzeugen.

Allerdings muss die Politikerin bei der Ausgangsdiagnose auch konstatieren, dass es mit Bezug auf die Werte Probleme gibt. Da ist zunächst einmal das Problem der Identität, denn »wofür wir Deutsche stehen, ist umstritten«. Dann gab es die Präsidentschaft von Donald Trump, »die die westliche Wertegemeinschaft auf eine harte Probe gestellt hat« (ebd.: 27). In dessen Zeit wurden bekanntlich nicht nur der INF-Vertrag, der Open Skies Vertrag und das Atomabkommen mit dem Iran aufgekündigt (also einseitig gegen völkerrechtliche Verpflichtungen vorgegangen), sondern überhaupt durch die Politik des »America first!« der Glaube an den Multilateralismus und die internationale Vertragstreue geschwächt. Und schließlich soll in Deutschland sogar ein Kulturkampf drohen, in dem die »absurdesten Debatten« diskriminierend und ausgrenzend ausgetragen werden, wobei der Ausweg

hat sie schon weit vor dem russischen Angriffskrieg die Gelegenheit genutzt, ehrenamtliche Funktionen in Vereinen, an denen die Rüstungsindustrie zentral beteiligt ist, zu übernehmen. Der Verein Lobbycontrol hält dies allerdings »für schlecht vereinbar mit ihrer Tätigkeit als Ausschussvorsitzende. Strack-Zimmermann ist unter anderem Mitglied im Präsidium der Deutschen Gesellschaft für Wehrtechnik sowie beim Förderkreis Deutsches Heer. Beides sind von der Rüstungsindustrie stark beeinflusste Organisationen« (vgl. Wagner 2022: 189).

für eine derart in »Grabenkämpfen« befindliche Gesellschaft in einer realistischen Wahrnehmung der Bedrohungslage bestehen soll (ebd.: 30). Diese Neuorientierung hat es in sich: »Wenn Russlands Überfall von Erfolg gekrönt würde und die Weltgemeinschaft zulässt, dass Russland den ostukrainischen Teil des Staatsgebiets annektiert, ist es nur eine Frage der Zeit, bis Putin, sobald seine Armee wieder bei Kräften ist, seinen imperialistischen Expansionshunger weiter zu stillen versucht: indem er Norden, Süden und Westen der Ukraine, aber auch Moldau und Georgien angreift. Und letztlich wird er vor den baltischen Staaten Estland, Lettland, Litauen nicht haltmachen, auch wenn diese Länder Mitglieder der NATO sind. Spätestens dann sind wir in Deutschland eine mit Waffen kämpfende Kriegspartei« (ebd.: 79f.).

Strack-Zimmermann macht es nicht unterhalb eines Weltkriegsszenarios, von dem ausgehend die Werte schnell zu »Interessen« werden, derer wir uns bewusst werden müssen. Um diese durchzusetzen, brauchen »wir als Staat und Gesellschaft dringend mehr Wehrhaftigkeit, nach außen wie nach innen« (ebd.: 81). Die Autorin dankt einleitend ihren Kindern und Enkeln. Dann serviert sie ihnen mit tiefster moralischer Überzeugung die Notwendigkeit, ihr Leben für Werte, die – wie die von der NATO garantierte Freiheit – den Feind bloßstellen, nicht nur aufs Spiel zu setzen, sondern ihr Dasein ganz auf eine Bekämpfung der Feinde der Freiheit auszurichten. Und die werden in ihren Augen paradigmatisch durch die Person des »Autokraten« Putin verkörpert.

Es ist für diese Sorte patriotischer Moral nicht untypisch, dass sie für die Verpflichtung zum Krieg gern die deutsche Vergangenheit zitiert, die mit dem Holocaust geradezu den Auftrag in das deutsche Gegenwartsbuch schreibt, bei internationaler Gewaltanwendung für das Gute nicht hintenan, sondern vorneweg zu stehen. Und damit beginnt die Lektion der Politikerin, die sich für Waffen, ihr Leben riskierende Soldaten, geopolitische Durchsetzungsfähigkeit und robuste Wehrhaftigkeit ins Zeug legt und den Deutschen zeigt, »was sich ändern muss«. Ein kleiner Auszug aus dem Repertoire der Dame, die einst den Vergleich mit einem dominanten männlichen Gorilla nicht scheute, um Oberbürgermeisterin von Düsseldorf zu werden:

- Militärische Einsätze müssen klar und realistisch sein. »Insbesondere komplexe State-building-Vorhaben, bei denen die internationale Gemeinschaft versucht, einen komplett neuen Staatsapparat zu implementieren, sind nicht mal so eben nach westlichem Vorbild umzusetzen« (ebd.: 118).
- Grundsätzlich gehören nicht nur Ausbildung und Kapazitätsentwicklung zu den Einsatzmöglichkeiten der Bundeswehr, sondern auch Kampfeinsätze. Das geht schon deshalb völlig in Ordnung, weil unsere internationalen Partner das von uns erwarten.
- »Deutschland muss führen«. Denn Deutschland ist prädestiniert, »mit Ideen voranzugehen und Führung zu übernehmen« (ebd.: 121). Leider weigert sich dieser Staat angeblich seit Jahren, diese Rolle anzunehmen.
- Auch China muss als Feind in den Blick genommen werden. Merkels Chinapolitik, »wirtschaftliche Beziehungen würden die Unterschiede der Systeme überwinden, steht auf dem Prüfstand« (ebd.: 126).
- Deutschland muss seine Rolle im Konzert der Staaten »neu definieren«. »Es ist Zeit, auch aus Respekt den Staaten gegenüber, die an uns jahrzehntelang geglaubt und uns unterstützt haben, Verantwortung zu übernehmen und den Werten der freien Welt entsprechend zu führen« (ebd.: 133).

Zweifellos wird angesichts dieser Herausforderungen an zukünftigen robusten Militäreinsätzen kein Mangel bestehen. Die gigantische Bedrohung, die von Putin ausgehen soll (à la »Heute gehört uns der Donbass und morgen die ganze Welt«), verwandelt sich unter der Hand in ein Plädoyer für einen gestärkten und militärisch handlungsfähigen deutschen Imperialismus – der zwar nicht so heißt, aber mit der Berufung auf eine geostrategische Führungsrolle ganz unverhohlen angesprochen ist. Die Moral, mit der Putins Gründe für den Krieg einfach als indiskutabel verworfen werden und der Krieg ganz mit dem bösen Willen eines östlichen Imperialisten erklärt wird, erweist sich als die Heuchelei, die sie ist: Auftakt, den Nationalismus und Militarismus Deutschlands – endlich, nachdem Jahrzehnte lang gezögert und gezaudert wurde – auf Vordermann zu bringen, um nach dem Krieg politisch-militärisch gestärkt als Führungsmacht aus ihm hervorzugehen.

5. Abseits vom Mainstream – der Feind im Visier einer aufgeklärten Öffentlichkeit

Wer heutzutage Skepsis gegenüber den »Mainstream-Medien« äußert und sich in der – höchst überschaubaren – Gegenöffentlichkeit informiert oder engagiert, gilt schnell als verdächtiges Subjekt. Nicht nur, dass staatliche Stellen systematisch die »Desinformation«, also Abweichung vom NATO-Narrativ, im Medienbereich überwachen. Verdächtig macht sich schon derjenige, der das Wort »Mainstream-Medien« benutzt – weil es angeblich von den Querdenkern erfunden wurde. Und dass es überhaupt so etwas wie abweichende Meinungen gibt, die sich dem Mainstream und den (öffentlich-rechtlichen) Leitmedien entgegenstellen, gilt in Deutschland als hochgradiges Problem. Publizieren kann heute – angesichts der Rolle, die die sozialen Medien spielen – natürlich jedermann und jede Frau. Doch sobald solche Wortmeldungen Publizität erreichen (könnten), werden sie mit den verfügbaren publizistischen Mitteln ins Abseits gestellt.

So hielt z.B. die seit Jahrzehnten als Ost-Expertin bekannte Journalistin Gabriele Krone-Schmalz in der Reutlinger Volkshochschule im Herbst 2022 einen Vortrag über »Russland und die Ukraine« – und bereits das Faktum selber, dass VHS-Verantwortliche die Frau zu Wort kommen ließen, wurde zum Skandal stilisiert, der angeblich die Fachwelt »entsetzt«.[9] Aus der fand

[9] Siehe: »Die Chance zum kritischen Diskurs hat die VHS Reutlingen leichtfertig verspielt«, Meldung bei: Nachrichten für Deutschland – t-online.de, inzwischen aktualisiert: »Russland-Kitsch, der politisch blind macht«, Interview mit Prof. Klaus Gestwa, 7.3.2023, siehe dazu unten.

sich dann auch gleich ein beamteter Experte, der der Volkshochschule bescheinigte, mit dem Zur-Diskussion-Stellen abweichender Meinungen sei »ihre politische Verantwortung auf der Strecke geblieben«.

Zwei Wochen später, Ende Oktober, sollte Krone-Schmalz dann in der Kölner VHS sprechen. Doch hier meldeten sich schon im Vorfeld Verantwortliche aus der Kommunalpolitik zu Wort, die durch die vorausgegangene Berichterstattung alarmiert waren. Das hatte Folgen: »›Putin-Versteherin‹ fliegt aus VHS-Kalender«.[10] Der Kölner Kooperationspartner wurde unter Druck gesetzt, gab aber nicht klein bei und so war der nächste Skandal zu vermelden. Der Vortrag konnte – außerhalb der VHS – stattfinden und die bekannte Journalistin doch tatsächlich eine Position vertreten, die mit der Regierungslinie nicht übereinstimmte. Das Urteil der Presse ließ nicht lange auf sich warten: »einseitig«, »undifferenziert«, »Schwarz-Weiß-Denken« etc.[11] Auch die Wissenschaft meldete sich zu Wort und diagnostizierte bei der Journalistin die Unfähigkeit, Gut und Böse in der gebotenen Klarheit zu unterscheiden.

Die Osteuropa-Expertin Franziska Davies von der Universität München z.B. überprüfte Krone-Schmalz wissenschaftlich und kam zu folgendem Fazit: Empirisch und methodisch seien die Einlassungen von Krone-Schmalz unhaltbar. Mit der Behauptung, »der Westen« sei schuld am russischen Angriff auf die Ukraine, er habe Russlands Interessen ignoriert, die NATO erweitert und Russland zur Reaktion genötigt, mache es sich die Journalistin zu einfach, so Davies: »Diese These kann sich nicht auf Fakten stützen«. Belegt wird diese Zurückweisung mit einem angeblichen wissenschaftlichen Fehlverhalten, das schon in den dialektischen Besinnungsaufsätzen der Schulzeit so manches Mal für das Urteil Einseitigkeit herhalten musste: So sei im gesamten Quellenapparat ihres Bestsellers »Eiszeit« nur eine einzige russischsprachige Quelle zu finden: »Vor allem ignoriert die ›Exper-

---

[10] Siehe: Nachrichten für Deutschland – t-online.de, 22.10.2022.

[11] »Ein gefährlicher Mix«, t-online.de, 28.10.2022.

tin‹ die einschlägige internationale Literatur über Putin und den Putinismus komplett«, so Davies.[12]

Um ihrer Aussage empirische Evidenz zu verleihen, greift die Münchener Wissenschaftlerin auf ein unbestreitbares Faktum zurück, von dem auch Putin hätte wissen müssen: So habe Bundeskanzler Olaf Scholz selbst wenige Tage vor dem Überfall auf die Ukraine noch deutlich gemacht, »dass eine Aufnahme der Ukraine in die Nato auf absehbare Zeit kein Thema« sei. »Spätestens seit dem 24. Februar 2022 müsste eigentlich jedem klar sein, dass Russlands Elite sich kaum von einem Land bedroht fühlen konnte, von dem Putin und seine Entourage [...] annahmen, es in wenigen Tagen unterwerfen zu können«, schreibt Davies.

In die gleiche Kerbe schlägt der Kollege von Davies, Prof. Klaus Gestwa von der Universität Tübingen, der den Krieg in der Ukraine gleich so einordnet, wie es sich gehört: als weiteres Glied in der Kette von Anmaßungen, die Putin sich herausnimmt. »Wir können seit Jahren die Strategie der Schuldlastumkehr beobachten, die darauf zielt, nicht Putins Russland als den Ausgangspunkt von Aggressionen und den seit 2014 stattfindenden Krieg gegen die Ukraine auszumachen, sondern die Schuld dafür stattdessen der Ukraine und dem Westen zuzuweisen. Das ist genau das, was der Kreml, der mit seinen Trojanischen Pferden schon seit Langem die europäische, vor allem die deutsche Politik beeinflusst, erreichen will.« (Gestwa bei t-online)

Während Krone-Schmalz vom Standpunkt der richtigen Parteilichkeit ihre falsche zur Last gelegt wird, kann Gestwa nicht umhin, auch deren wissenschaftliches Vorgehen an den Pranger zu stellen. Auf die Frage, ob es sich bei der ehemaligen Russland-Korrespondentin auch um eine Expertin in Sachen Russland handelt, wird der Professor grundsätzlich: »Nein, das ist sie eigentlich nicht. Sie publiziert zwar Bücher, deren Inhalte aber frag- bis merkwürdig sind und keinerlei wissenschaftlichen Standards gerecht werden. Sie hat auch noch nie in einer Zeitschrift der Ost-

---

12 Zitiert nach: »Entsetzen über Vortrag von Krone-Schmalz«, t-online.de, 9.1.2023.

europa-Forschung einen Artikel publiziert. Damit ist sie faktisch nicht Teil der akademischen Fach-Community«.

Das professorale Vorpreschen Gestwas, Urteile über Russlands Ukrainekrieg könnten sich nur Experten leisten, die in Zeitschriften der Osteuropa-Forschung publiziert haben,[13] ist Ausdruck der *moralischen Überlegenheit*, mit der jeder Hinweis darauf, Russland könnte Gründe für seinen Krieg haben, die außerhalb Putins verbrecherischem Naturell liegen, zunichte gemacht werden soll. Diese Moralität ist so prinzipiell und radikal, dass sie sogar das auszuschließen gewillt ist, was sonst zum guten Ton eines demokratischen Dialogs gehört: die Gegenseite zu Wort kommen zu lassen.

---

[13] Die 1925 – im »Geist von Rapallo«, also einer politisch betriebenen deutsch-russischen Annäherung – gestartete und unter den Nazis eingestellte Fachzeitschrift »Osteuropa« der »Deutschen Gesellschaft für Osteuropakunde« wurde 1951 neu gegründet. Chefredakteur bis 1975 war der umtriebige Publizist Klaus Mehnert, der gleichzeitig in der Politikberatung, z.B. in der Attaché-Ausbildung des Auswärtigen Amtes, tätig war. Creuzberger, später selbst Redakteur der Zeitschrift, schreibt dazu (2022: 15f.), dass sich Mehnert, ein »medienwirksamer Mediator und ‚Macher'«, nach 1945 jedoch nicht in diesem früheren Geist betätigt habe, denn »dafür hatten sich die politischen Rahmenbedingungen […] allzu sehr verändert«. Mehnerts »Engagement bewegte sich im Kontext damaliger bündnispolitischer Realitäten, die die Bundesrepublik fest im westlichen Lager verankert sahen.« Dabei ging der Mann mit der Zeit, wechselte bei der Unterstützung der deutschen Ostpolitik von der Adenauer-Linie später zur sozialliberalen Position. An Creuzbergers Formulierungen ist erkennbar, wie diese Fachöffentlichkeit darauf achtet, was politisch opportun ist und wie man sich unter den jeweils gegebenen »Rahmenbedingungen« in welchem »Lager« zu verorten hat. Die Parteilichkeit dieser Öffentlichkeit ist also kein Novum der »Zeitenwende«. – Jetzt gab es jedoch wieder einen gewissen Umstellungsbedarf, wie es in einer aktuellen Bestandsaufnahme (»Osteuropa-Historiker ziehen selbstkritisch Bilanz«) heißt: »Auch an der Osteuropa-Geschichte ist die Zeitenwende nicht spurlos vorüber gegangen.« (Thomas Thiel, in: FAZ, 22.3.2023) Wie man dort erfährt, greift in die Arbeit der deutsch-ukrainischen Historikerkommission auch schon mal der ukrainische Botschafter ein, wobei widerspenstige Wissenschaftler »scharf angegangen« werden.

6. Wissenschaftlich Ungehöriges zum Ukrainekrieg

Ulrike Guérot, Professorin an der Universität Bonn, veröffentlichte zusammen mit dem Geisteswissenschaftler Hauke Ritz im November 2022 das Buch »Endspiel Europa« (Guérot/Ritz 2022). Die beiden »fordern die Europäische Union dazu auf«, wie sie in einem Statement[14] resümieren, »nicht als Stellvertreter der USA zu fungieren«. Dazu berufen sie sich – unter Rückgriff auf die kulturelle Tradition des Abendlands – auf eine »EUtopie, die humanistisch, antifaschistisch, antimilitärisch, internationalistisch und antikapitalistisch ist«, und schließen mit der Forderung: »Deswegen muss Europa alles tun, um diesen Krieg sofort zu beenden.«

Solche Forderungen, die auf Ausgleich, Versöhnung und Verhandlung setzen, können sich in eine europäische Tradition einreihen, die den »Ewigen Frieden« (Kant) zur ideellen Leitschnur erhebt. So gesehen waren sie bislang auch nichts Ungewöhnliches oder Unseriöses. Doch mit der »Zeitenwende« stehen wissenschaftliche Einlassungen, die nicht die Unbedingtheit der Verurteilung des Angriffskrieges erkennen lassen, unter dem Generalverdacht der Kooperation mit dem Feind. Die Konstruktion von Modellen und Szenarien zu einer möglichen friedlichen Problemlösung geht in Ordnung, solange sie die antirussische Leitlinie respektiert. Aber wenn Nachdruck auf eine Verhandlungslösung gelegt wird, bewegt sich das schon am Rand des Zulässigen, und wenn eine Kritik an der NATO-Linie laut wird, führt das vollends zu einem akademischen No-Go.

So sprach der Bonner Kollege Guérots, der Osteuropa-Experte Martin Aust, in einem Interview (»General-Anzeiger«, 12./13.11.2022) kurz nach Erscheinen des Endspiel-Essays kategorisch von der »Unwissenschaftlichkeit des Buches« und forderte Guérot auf, von ihrer Professur zurückzutreten. Das Buch sei »eine regelwidrige Streitschrift [...] vollkommen an wissenschaftlicher Kenntnis des östlichen Europa vorbeigeschrieben [...]

[14] Siehe: »Endspiel Europa«, Overton-Magazin, 24.10.2022.

provokant, schrill und anmaßend«. Das Autorenduo wolle die Ansicht »eines ausschließlich von Russland begonnenen Kriegs gegen den Strich bürsten« – wie es im Vorwort schreibt –, aber, so Aust, »ohne sich dabei mit dem Forschungsstand auseinanderzusetzen. So bleibt der Versuch haltlos.«

Der Osteuropa-Historiker sah hier besonders die Wissenschaftlergemeinde gefordert, »weil Guérot in dem Buch als Professorin figuriert, womit in der breiten Öffentlichkeit der Anschein wissenschaftlicher Autorität und Legitimität erweckt wird. Es ist deshalb wichtig, in der Öffentlichkeit auf die Unwissenschaftlichkeit des Buchs aufmerksam zu machen.« Deshalb landete er am Schluss des Interviews auch bei der Forderung, »angesichts der unwissenschaftlichen Arbeitsweise des Buches wäre es nur folgerichtig, von der Professur zurückzutreten«. Aust hatte zuvor schon (siehe »General-Anzeiger«, 24.10.2022) »mit einer Kurznachricht im Netz auf die Fachexpertise« verwiesen, die Guérot komplett »ignorieren« und »niederreißen« würde. Dazu teilte der Zeitungsbericht mit, dass Aust »nähere Angaben auf GA-Nachfrage für unnötig« gehalten habe.

Sein Statement ist der Sache nach ein Aufruf zur Maßregelung, es ordnete sich unterstützend und bekräftigend in eine Kampagne ein, die bereits seit einiger Zeit an der Bonner Universität lief und die auf eine Kontrolle von Meinungsäußerungen der streitbaren Professorin oder gleich auf ihre Entfernung setzte. Bemerkenswert ist dabei, wie die Unwissenschaftlichkeit der Positionen festgestellt wird, die eine Distanzierung von der NATO und deren Friedensauftrag erkennen lassen. Die Bonner Universität führt es vor: Das Rektorat verabschiedet eine Erklärung, die sich zur Parteinahme für den Westen und gegen Russland bekennt; damit ist ein Rahmen gesetzt, in dem weitergehende juristische Möglichkeiten geprüft werden.[15] Es ist also schlicht und ergreifend institutioneller Druck – und nicht das Ringen um eine »Er-

[15] Inzwischen ist die Kündigung Guérots erfolgt und das arbeitsrechtliche Verfahren läuft, siehe: »Die Gesinnungswende fordert ihren Tribut«, Scharf links,11.3.2023.

kenntnis der Wahrheit«, die Hegel dem Universitätsbetrieb als vornehmste Aufgabe zuschrieb –, eben die Berufung auf eine Übereinstimmung mit der Regierungslinie, die gegen die Infragestellung geltender Kriegslegitimationen, wie sie in dem Buch »Endspiel Europa« vorkommen, geltend gemacht wird. Darauf hat ja wohl auch der Hochschullehrer Aust in seiner erwähnten Kurznachricht gesetzt, als ihm die bloße Zitierung von Autoritäten, mit denen er übereinstimmt, als *Begründung* ausreichte.

Er hat sich dann aber schließlich doch noch in dem späteren Interview bereitgefunden, am Schluss auf die Frage »Was werfen Sie dem Buch inhaltlich vor?« mit drei Sätzen zu antworten. Er hält zunächst als Kernthese des Buchs fest: »Die USA hätten den Ukrainekrieg von langer Hand vorbereitet, um Europa von Russland zu entfremden und so die amerikanische Vorherrschaft auf dem Kontinent aufrechtzuerhalten. Statt das Nationalstaatsdenken zu überwinden, was doch wünschenswert wäre, unterstütze die EU jetzt im Gegenteil die Souveränität der Ukraine.« Was der Geschichtsprofessor als Widerlegung dieser »unwissenschaftlichen« Behauptung aufbietet, ist schlicht und einfach der Verweis auf das von Putin verkörperte Böse: »Aber bitte, was wäre denn die Alternative: Das Land Putin und dem russischen Imperialismus zu überlassen?«

Die überraschende Einführung des Imperialismusbegriffs macht die Sache nicht besser, sie löst sich letztlich in eine moralische Empörung darüber auf, dass der US-Suprematie eine Macht Konkurrenz machen will, die dazu nicht befugt ist (siehe Teil I, Kapitel 5). Was die zweite Hälfte seines Resümees betrifft – die Rückkehr der EU zum Nationalismus –, kann Aust noch nicht einmal das Faktum bestreiten. Die Feststellung gehört nicht ins Reich der Fake News, sondern verweist darauf, wie die Europa-Idee derzeit ihre nationalistische Sprengkraft offenbart: Der EU-Kandidat Ukraine zeichnet sich ja gerade durch seinen vorbildlichen Patriotismus aus – übrigens maßgeblich unterstützt von der britischen Regierung, die bekanntlich vor einigen Jahren wegen ihren eigenen nationalen Ambitionen die EU verlassen hat.

Aust hat jedoch auf Nachfrage des Interviewers noch einen Punkt nachgeliefert. Er hat zwar keine weiteren Inhalte kritisiert, aber die Äußerung des Autorenduos im Vorwort aufgespießt, dass es die Weltlage »ganz neu denken« wolle. Das weist er entschieden zurück, z.B. mit der Feststellung, dass die »Ansicht, Amerika versuche gezielt Europa von Russland zu entfremden, eine hundertjährige Geschichte im rechtsextremistischen Denken« habe. Aust folgt damit der inzwischen um sich greifenden Methode der Entlarvung abweichender Meinungen, indem er Bezüge zum historischen Faschismus oder zum Neofaschismus insinuiert und mit diesem Verweis die Autor*innen in die Ecke stellt, in die Nationalisten gerne Kritiker verweisen, weil mit dem Faschismus-Vorwurf jeder Beitrag sich wie von selbst denunziert.

Die Hauptprovokation des »Endspiel«-Essays – die These, dass Putin den Krieg nicht aus heiterem Himmel begonnen hat, sondern diesem eine lange Geschichte der NATO-Vorwärtsverteidigung vorausging – ist jedenfalls nicht der Fantasie der Autor*innen entsprungen, sondern kann einiges an empirischer Evidenz für sich reklamieren. Dabei lassen sich die Verfasser*innen des Essays ihren Idealismus einer »kontinentalen Versöhnung« nicht nehmen, was ihnen aber mit Bezug auf die Feindschaft, die sie sich eintragen, wenig hilft.

Denn dieser Idealismus ist nicht das Eigentliche, was die Guérot und Ritz angreifenden Wissenschaftler erzürnt. Der heftige Widerspruch, auf den die Beiden stoßen, resultiert nicht aus dem vorgetragenen Spannungsverhältnis von hochgesteckten Zielvorstellungen und der dahinter zurückbleibenden Wirklichkeit des politischen Geschehens. Hier macht sich vielmehr die neue Hartleibigkeit eines Wissenschaftsbetriebs geltend, der seit der von Kanzler Scholz ausgerufenen »Zeitenwende« Gewehr bei Fuß steht: Die Konstruktion von Modellen und Szenarien zu einer möglichen Problemlösung können vielleicht noch toleriert werden, aber bei einer Kritik an der NATO-Linie fühlt sich die freie Wissenschaft herausgefordert und aufgerufen, an die Maßstäbe zu erinnern, an denen sich wissenschaftliches Denken zu bewähren hat: das Eintreten für die Sache des Westens und die von ihm vertretenen Werte.

7. Patriotische Antworten auf die neue »konfrontative Sicherheitsordnung«

In den Grundlinien der Philosophie des Rechts kritisiert Hegel den Satz: Der Zweck heiligt die Mittel. Ihm fällt dazu zweierlei ein: »Wenn der Zweck recht ist, so sind es auch die Mittel, ist insofern ein tautologischer Ausdruck, als das Mittel eben das ist, was nichts für sich, sondern um eines anderen willen ist und darin, in dem Zwecke, seine Bestimmung Wert hat« (Hegel 1973: 271). Aber der Satz kann noch mehr als die schlichte Tautologie bedeuten. Dann nämlich, wenn nicht bloß dieser formelle Sinn gemeint ist, sondern darunter etwas Bestimmtes verstanden wird, nämlich für einen guten Zweck etwas als Mittel zu gebrauchen, »was für sich schlechthin kein Mittel ist, etwas zu verletzen, was für sich heilig ist, ein Verbrechen also zum Mittel eines guten Zwecks zu machen« (ebd.). Hegel wendet sich nun gegen die Rede vom guten Zweck, der das Mittel heilige, und urteilt: »Was solcher Bestimmung nun in dem Zwecke, der dem Verbrechen seine Natur benehmen sollte, entgegengestellt wird, der heilige Zweck, ist nichts anderes als die *subjektive Meinung* von dem, was gut und besser sei. Es ist dasselbe, was darin geschieht, dass das Wollen beim abstrakt Guten stehen bleibt, dass nämlich alle an und für sich seiende und geltende Bestimmtheit des Guten und Schlechten, des Rechts und Unrechts, aufgehoben und dem Gefühl, Vorstellen und Belieben des Individuums diese Bestimmung zugeschrieben wird« (ebd.: 272).

An diese Sorte wissenschaftlichen Denkens, bei dem »der Schein von einer sittlichen Objektivität vollends verschwunden« (ebd.: 273) ist, fühlt man sich erinnert, wenn wissenschaftliche »Militärexperten« das Wort ergreifen und in den Nachrichtensendungen des öffentlichen Rundfunks zu Dauergästen werden. Das »Gute«, für das sich einzusetzen und aufzuopfern jedes Mittel recht ist, steht bei dieser Sorte fortgeschrittener Moralität gar nicht erst zur Diskussion. Es ist die westliche Werteordnung, deren Zweck die Mittel heiligt – und ihren Anspruch zu schärfen und mit Blick auf militärische Durchsetzungsfähigkeit weiterzuentwickeln, ist der ganze Inhalt der vorgetragenen geopolitischen Analysen.

Ein Beispiel hierfür liefert der Beitrag »Europas neue (Un-)Sicherheit« von Claudia Major und Christian Mölling in der Zeitschrift der Bundeszentrale für politische Bildung (»Aus Politik und Zeitgeschichte«, Nr. 28-29/2022). Wie ihr Mitstreiter Herfried Münkler (der zu dem Heft den Eröffnungsbeitrag beigesteuert hat) sehen sie die europäische Sicherheitsordnung durch Russlands »entgrenzte Gewalt« aufgelöst, und wie selbstverständlich erwächst demnach aus der neuen »Sicherheitsunordnung« die Notwendigkeit einer »konfrontativen Sicherheitsordnung«: »Es ist allerdings absehbar, dass sich die europäischen Staaten einrichten müssen auf eine dauerhafte Veränderung hin zu einer konfrontativen Sicherheitsordnung in Europa, in der Sicherheit nicht mehr mit Russland funktioniert, sondern in Abgrenzung von und sogar gegen Russland« (Major/Mölling 2022: 11).

Der selbst gestellte wissenschaftliche Kampfauftrag, der sich gar nicht erst mit der Frage befasst, warum Russland in dieser Sicherheitsordnung nach eigenem Bekunden seine Sicherheit fundamental gefährdet sah, besteht darin, über die Härten aufzuklären, auf die es sich zukünftig einzustellen gilt. Hierzu gehört nicht nur die Einsicht, dass die Konfrontation mit Russland die europäische Ordnung für Jahrzehnte prägen wird, sondern auch die Notwendigkeit, den »binären Ansatz zu überwinden: Die Abwesenheit von Krieg bedeutet nicht die Anwesenheit von Frieden« (ebd.: 12). Nun könnte man meinen, wenn man schon bei normativen Prognosen über die Zukunft Europas argumentativ gelandet ist, würden sich aus wissenschaftlicher Sicht Reflexionen darüber ergeben, wie der Frieden wieder hergestellt werden kann. Bei einer an geopolitischen (früher hieß das: imperialen) Zielsetzungen orientierten Wissenschaft ist aber das Gegenteil der Fall. Die beiden Wissenschaftler*innen schreiten nämlich ohne viel Federlesen gleich zu *Handlungsanweisungen*, wie man dem feststehenden Feind zukünftig zu begegnen hat: »Auf EU-Ebene gilt es, geopolitischer zu denken und diejenigen Länder gezielter einzubinden, die Russland als seine Einflusssphäre begreift und über die es sein Störpotenzial, etwa durch politische Aufwiegelung gegen die EU, auszuspielen sucht« (ebd.: 13). Dabei gibt es allerdings einige grundsätzliche Probleme, die es zu bedenken gelte: »Zum einen ist Russland durch die Anwesenheit seiner Truppen in der Ukraine und Belarus geografisch an die NATO herangerückt, zum anderen hat es durch den Angriff auf die Ukraine seine grundsätzliche Eskalationsbereitschaft inklusive nuklearer Drohungen demonstriert« (ebd.). Anstatt einer bislang in der wissenschaftlichen Literatur diskutierten und als Tatbestand kaum bestrittenen NATO-Osterweiterung entdecken die Autor*innen ein gefährliches *Heranrücken* Russlands an die NATO. Ein Glück, könnte man denken, dass die Ukraine ihren Verfassungsauftrag der NATO-Mitgliedschaft bislang nicht umgesetzt hat. Major und Mölling sehen das genau umgekehrt: Da durch diese Unterlassung nicht richtig gedroht wird, schon gar nicht Moskau, wird eine militärische Auseinandersetzung mit der NATO immer wahrscheinlicher.

Russlands Gemeinheit besteht bei genauerer Betrachtung – hier bewährt sich die durch parteiliches Denken geschulte Moralität, das Böse der feindlichen Handlungen in seinen eigentlichen Konsequenzen zu entlarven – nämlich darin, nicht nur die Ukraine, sondern insbesondere auch *Deutschland* angegriffen zu haben. Russland hat demnach die gesamte europäische Sicherheitsordnung angegriffen, »von der Deutschland jahrelang profitierte«. Und damit hat sich die östliche Macht endgültig zu unserem Feind gemacht, den es als solchen zu identifizieren und zu bekämpfen gilt: »Der Krieg gegen die Ukraine erscheint damit auch als ein Angriff auf die europäische Lebensart, die Werte und Strukturen in Europa – und damit letztlich auch auf Deutschland« (ebd.: 14).[16]

[16] Militäranalysten, die sich ihr Leben lang mit der Frage herumschlagen, mit welchen Waffen dem Feind am Effektivsten der Garaus gemacht

Von einer an der Sache desinteressierten Parteilichkeit des Denkens kann angesichts dieser Rigorosität der Gedankenführung nur noch verharmlosend gesprochen werden. Das Diktum, dass unsere »Werte« und »Strukturen« mit aller Gewalt, auch militärischer, verteidigt werden müssen, ist die Botschaft, die diese Form des militanten Denkens den bislang noch zu sehr in ihrer Friedensecke kuschelnden Deutschen überbringen will: »Daher muss auch Deutschland militärische Mittel mitdenken – nicht um selbst Krieg zu führen, sondern um Bedrohungen abzuwenden. Dieses Umdenken ist schwierig und erfordert eine umfassende gesellschaftliche Debatte« (ebd.: 15).

Und dafür gibt es ja schließlich – mindestens – zwei anerkannte Institutionen: die Stiftung Wissenschaft und Politik in Berlin und die Deutsche Gesellschaft für Auswärtige Politik, die über ein Wissenschaftlerteam verfügen, das die Kunst geopolitischen Konfliktdenkens mit der neuen Sachlichkeit militärischer Aufrüstungslogik verknüpfen kann und den Deutschen reinen Wein einschenkt. Auch zu dieser Art des Denkens ist dem »Philosoph der Freiheit« etwas Richtiges eingefallen.

Im Anschluss an seine Überlegungen zur Heuchelei gönnt sich Hegel in der Rechtsphilosophie einen Zusatz. Er überlegt, was passiert, wenn der »böse Wille« sich in den »Schein des Guten« verkehrt. Das moralische Denken kann, so seine Schlussfolgerung, eine Handlung in Beziehung auf die eigene Absicht als gut behaupten. »Gibt das Selbstbewusstsein die Handlung nur für andere als gut aus, so ist diese Form die Heuchelei; vermag es aber die Tat für sich selbst als gut zu behaupten, so ist dies die noch höhere Spitze der sich als das Absolute wissenden Subjektivität, für die das Gute und Böse, an und für sich, verschwunden

---

werden kann, wissen natürlich um die Besonderheiten einer »europäischen Lebensart«. Von Italien bis Polen wird fleißig gegendert, werden Schwule hochgeachtet und gelten Frauen als durch und durch gleichberechtigte Volksmitglieder ... Die falschen Abstraktionen ihrer »Konfliktszenarien« führen die Experten offenbar dazu, die Lebensart als ein nationales Symbol ohne Bezug zur Lebenswirklichkeit zu betrachten.

ist und die dafür ausgeben kann, was sie will und vermag. Dies ist der Standpunkt der absoluten Sophisterei, die sich als Gesetzgeberin aufwirft und den Unterschied von gut und böse auf ihre Willkür bezieht« (Hegel 1973: 284).

Wenn Militärexperten (mit oder ohne Anführungszeichen) ihren Ruf nach mehr Gewaltmitteln in eine Form kleiden, in der sie sich als heimliche »Gesetzgeber« aufwerfen, dann tritt zu ihrer Moralität die *Eitelkeit* hinzu. Denn der Einsatz von Gewalt ist nicht abhängig von Szenarien, die am Expertentisch entwickelt werden, sondern von den politischen Zwecken derer, die diese Gewalt anwenden. Wenn Nationen vorgeben, im Namen moralischer Gebote zu handeln, dann deshalb, weil diese Moralität ihren konkreten politischen Zwecksetzungen nützt. Abhängig machen sie sich davon nicht. Insofern können die Menschenrechte zwar zur Rechtfertigung einer politischen Handlung herangezogen werden, begründen tun sie diese Handlungen nicht.

Der Vorteil einer menschenrechtsbegründeten Moral besteht allerdings darin, dass sie universalistische Werte umfasst und insofern den Einsatz von Gewalt in einer weitaus grundsätzlicheren Form rechtfertigt als eine partikularistische, auf den eigenen Vorteil bezogene Legitimation. Die Durchsetzung eines höchsten ethischen Grundsatzes, wie des Rechts auf Leben, rechtfertigt auf vielfältige Weise eine Gewaltanwendung, die der eigenen Position Geltung verschaffen will und Verstöße dagegen ahndet. Wenn Russland – beglaubigt durch seine eigensinnige nationale Moral, die die Gefährdung der eigenen Sicherheitsinteressen herausstellt – Krieg führt, dann erweist sich eine Moral, die gegen diesen Partikularismus die *Menschenrechte* schützen und bewahren will, von vornherein als überlegen. Und auf diese Überlegenheit greifen diejenigen zurück, die sehr wohl wissen, dass Kriege nicht mit moralischen Überzeugungen, sondern mit Waffen geführt und entschieden werden.

Dabei ist allerdings zu beobachten, dass sich das geostrategische Denken, das sich mit einem Krieg konfrontiert sieht, gleichzeitig aufgerufen fühlt, vor falschen Moralismen zu warnen: Zu denen zählen Forderungen, den Krieg nicht endlos zu verlängern, da er doch der Friedensbeschaffung zu dienen habe, oder Bedenken wie die, dass nukleare Kriegsführung ein Tabu darstellt und dass das Denken in Freund-Feind-Kategorien auch wieder überwunden werden muss. Die dem Realismus einer gelingenden Kriegsführung verpflichtete Moralität dagegen kann sich nur wundern, wie naiv nicht nur manche Politiker, sondern auch Teile des Volkes angesichts der zukünftigen Herausforderungen denken und handeln. Und sie scheut sich deshalb auch nicht, ihren *Subjektivismus* zum absoluten Maßstab zu erklären und Volk und Vaterland aufzurufen, sich daran zu orientieren.

So entwickelt und dynamisiert sich mitten im Krieg eine Denkform des moralischen Patriotismus, die sich ganz um Kriegsfähigkeit und die dazugehörigen Mittel sorgt. Das treibt, wie sollte es anders sein, die Bedenken einer nationalen Opposition weiter voran, also die Zweifel, ob Deutschland hier nicht seiner alten Rolle einer auf Verständigung ausgerichteten Mittelmacht bzw. der Verpflichtung auf die eigenen Interessen angesichts der US-amerikanischen Suprematie untreu wird. Denn die Linke sorgt sich um den Frieden und die Rechte um Deutschland.

8. Der Ukrainekrieg aus Sicht der Rechten: Verrat an deutschen Interessen

Von jeher ist die Pax Americana aus rechter Sicht eine Weltordnung, die den »Globalismus« und damit die Zersetzung des Nationalstaats befördert (vgl. Wohlfahrt 2022). Gemessen am rechten Ideal eines in jeder Hinsicht autonom handelnden Nationalstaats ist der Ukrainekrieg deshalb zunächst einmal ein Signal für eine Politik, die sich nicht primär an deutschen Interessen orientiert, sondern als abhängige Variable amerikanischer Weltordnungsansprüche agiert.

Der Blick auf Deutschland und seine Ukraine-Politik offenbart für die nationale Rechte deshalb Erschreckendes. Denn nicht erst seit der Corona-Krise befindet sich aus Sicht des rechten Lagers Deutschland im »Sinkflug«. Deutsches Regieren ist aus diesem Blickwinkel durch permanentes Versagen gekennzeichnet und seine Ergebnisse zeichnen sich dadurch aus, dass »sie Lösungen nahelegen, die mit einem Maximum an Demokratieabbau, Machtzentralisierung und Einschränkung von Bürgerrechten verbunden sind« (Kleine-Hartlage 2022: 47). Es sind demnach nicht nur die »Kartellmedien«, die es schon seit langem aufgegeben haben, »journalistische Seriosität auch nur vorzutäuschen«, sondern die machtversessenen Eliten, die nicht wahrhaben wollen, dass der Ukrainekrieg mit deutschen Interessen nicht in Übereinstimmung zu bringen ist.

Dabei ist es doch aus rechter Sicht augenfällig, dass der Nationalismus der ukrainischen Regierung darauf ausgerichtet ist, andere Nationen für seine eigenen Interessen zu instrumentalisieren. »Die Ukraine hat aber seit dem Sturz von Viktor Janukowitsch 2014 kein einziges dieser Ziele (gemeint ist die Vermeidung großflächiger Zerstörungen im eigenen Land und das Bemühen, die Anzahl von Ziviltoten gering zu halten, Anm. d. A.) verfolgt. Stattdessen haben die auf Janukowitsch folgenden Regierungen durch diskriminierende Gesetze praktisch die gesamte russischsprachige und russische Minderheit (alles in allem über ein Viertel der Bevölkerung) gegen sich aufgebracht; die daraus resultierende Sezession der Ostukraine mit einer Brutalität quittiert, der bis heute nach offiziellen Angaben der Vereinten Nationen über 14.000 Menschen zum Opfer gefallen sind; das von ihnen selbst unterzeichnete Minsker Abkommen boykottiert, das direkte Verhandlungen mit den Sezessionsregierungen vorsah; den unzweideutig bekundeten Willen der Bevölkerung der Krim ignoriert, zu Russland zu gehören; und die Ermordung von Kritikern dieses Kurses mindestens stillschweigend gebilligt« (ebd.: 22).

Die von rechten Wissenschaftlern wahrgenommene Heuchelei, mit der die Ukraine zur Vorkämpferin von Demokratie und Freiheit verklärt werden soll, reiht sich ein in die aus rechter Sicht verheerende Geschichte der *Westorientierung der BRD*, die mit der NATO-Mitgliedschaft nicht mehr und nicht weniger als die *Unterwerfung* unter die Suprematie der Amerikaner ins Werk gesetzt habe. Dabei haben Letztere – so die Diagnose – auf die nationalen Interessen ihrer Verbündeten bislang weder Rücksicht genommen, noch ist dies für die Zukunft zu erwarten. Aus einer patriotischen Perspektive steht deshalb das Ergebnis des Ukrainekriegs schon fest: »Nahezu jede Großmacht der Geschichte hat sich – außer in Phasen des inneren Niedergangs – vorbehalten, den Verlust ihrer Stellung gewaltsam zu verhindern. Man kann dies kritisieren, ändern wird man es nicht können. Es wird sich auch dann nicht ändern, wenn Russland diesen Krieg verlieren sollte. Dies wäre dann einfach ein Sieg der USA, die auf Kosten einer dann wahrscheinlich zerstörten Ukraine die eigene Position konsolidiert hätten. Zu dieser Position gehört es, beliebige Länder rund um den Globus direkt oder indirekt bekriegen zu können und dies in relativ kurzen Abständen auch zu tun, ohne Schlimmeres als eine schlechte Presse befürchten zu müssen (und oft genug nicht einmal diese). Niemand wird ernsthaft annehmen, die Welt komme dadurch dem Frieden näher« (ebd.: 24f.).

Der Antiamerikanismus der Rechten[17] richtet sich – und der Ukrainekrieg ist hierfür ein besonders eindrucksvolles Beispiel – gegen die westlichen Eliten, deren politische Agenda in diesem Krieg ihre Fortsetzung finde. Ziel dieser Agenda ist es demnach, im Wesentlichen alle Strukturen zu zerstören, die es Menschen »erleichtern, und ihnen dazu dienen, miteinander solidarisch zu sein, also im Wesentlichen die Institutionen der Familie und des souveränen Staates, die Völker und Religionen« (ebd.: 67). Durch den Ukrainekrieg sehen Teile der Rechten ein weiteres Mal das deutsche Volk seiner Rechte beraubt und die »Geldmachtelite mit globalem totalitären Herrschaftsanspruch« (ebd.) aufgewertet. Dieser umstandslose Patriotismus ordnet die menschenrechtsbewegte Unterstützung des Krieges und wertorientierte Begeisterung für das tapfere ukrainische Volk ein in die lange Liste der Schädigung nationaler Interessen durch die herrschende Elite.

Aus dieser Sicht ist der Moralismus der Grünen nichts anderes als *staatszersetzend* und darauf ausgerichtet, das deutsche Volk

---

[17] Vgl. die Ausführungen zur Position der Neuen Rechten in Sachen Europa und der Europäischen Union in: Wohlfahrt 2022: 113ff.

in den Abgrund zu reißen. Das Urteil über diese vermeintlichen Antinationalisten fällt aus rechter Sicht jedenfalls vernichtend aus: »Genau dieses Phänomen ist im Zusammenhang mit dem Ukraine-Krieg zu beobachten: Gerade *weil* die größten Antinationalisten am liebsten so sein möchten wie die zu Helden stilisierten Ukrainer, dies aber nicht eingestehen können, bleiben sie umso mehr ihrer autorassistischen Deutschfeindlichkeit verhaftet. Die deutschen Parteigänger der Ukraine würden ihr eigenes Wohl niemals dem ihres eigenen Volkes opfern, wohl aber dieses Volk dem (vermeintlichen) Wohl eines anderen« (Kleine-Hartlage 2022: 89).[18]

Dem im Prinzip antinationalen Moralismus, den die Rechte vornehmlich in der – deutsche Interessen und ein gesundes Nationalbewusstsein verratenden – Regierung wahrgenommen haben will, setzt sie einen dezidiert *nationalen Moralismus* entgegen, der zunächst einmal die Frage nach *Recht und Unrecht* in der Auseinandersetzung zwischen Russland und der Ukraine ventiliert. Und wie es bei moralischen Sichtweisen auf einen Krieg

[18] Vgl. hierzu auch die Antwort von Alice Weidel auf die Frage, wie die AfD zum Ukrainekrieg steht: »Da haben wir uns überhaupt gar nicht einzumischen. Eine kriegerische Auseinandersetzung wie jetzt, verschiebt die Mächte langfristig, und darauf müssen wir uns einstellen. Und ich habe eben auch angedeutet, wer der große Verlierer ist. Es ist nicht Russland, es ist nicht die Ukraine, sondern es wird hier ein Wirtschaftskrieg gegen Deutschland geführt. Wir werden der große Verlierer am Ende sein, das kann ich Ihnen prophezeien. Weil wir auch eben nicht kompetente Regierungsmitglieder haben, die da überhaupt in irgendeiner Form das Problem verstehen, geostrategisch als auch überhaupt in der Lage wären, die Interessen unseres Landes zu vertreten. Was es letztendlich für die Ukraine bedeutet und für Russland, für Gebietsteilung, das ist überhaupt gar nicht unser Thema. Wir müssen auf unser Land schauen, was hier jetzt passiert. Und wir müssen unbedingt verhindern, dass hier auch die Unternehmen alle über die Wupper gehen. Wir haben hier ein Potenzial, ein gigantisches Potenzial an Unternehmensinsolvenzen, weil sie die Energiekosten nicht mehr tragen können«. (»Weidel sieht einen ›Wirtschaftskrieg gegen Deutschland‹«, deutschlandfunk.de, 16.10.2023.)

so ist, die nicht nach dessen Gründen fragen, sondern die Rechtmäßigkeit der eingesetzten Gewaltmittel thematisieren, kommt man auch innerhalb der Rechten zu keinem einheitlichen Ergebnis. Da wird von Teilen der Rechten nach den »wahren Schuldigen« gefragt, die in der NATO und den USA ausgemacht werden. Folgerichtig wird der »Abzug der amerikanischen Soldaten aus Europa« gefordert und »Verständnis für die berechtigten Sicherheitsinteressen Russlands« geäußert (so das Parteipräsidium der NPD auf der Website der Partei, npd.de/).

Jürgen Elsässer, der Chefredakteur des rechten »Compact«-Magazins, verortet den eigentlichen Aggressor auf Seite des Westens und der NATO, welche für ihn symbolisch und praktisch für einen »zerstörerischen Globalismus« stehen. Ferner wendet sich Elsässer gegen »das Elend vieler Rechter«, nicht der »eigenen Regierung den Kampf anzusagen«, sondern sich mit dieser »im Hass auf Putin« zu vereinigen.[19] Erik Lehnert vom rechten Institut für Staatspolitik begreift den Ukrainekrieg als Versuch, »in eine bessere Verhandlungsposition für eine dauerhafte Friedensordnung in Osteuropa zu gelangen.« Ein dauerhafter Krieg würde jedoch insbesondere die »Position der USA nachhaltig stärken« (Lehnert 2022).

In einer von der AfD in den Bundestag eingebrachten Friedensinitiative wird die Souveränität des nationalstaatlichen Handelns in Europa betont und gefordert: »Die europäischen Nationalstaaten müssen in einer sich herausbildenden multipolaren Weltordnung souverän und unabhängig über ihre Sicherheit entscheiden. In den vergangenen Jahren wurde deutlich, dass die EU und ihre Mitgliedsstaaten zu schwach waren, den völkerrechtswidrigen Angriffskrieg in ihrer östlichen Nachbarschaft zu verhindern. Vielmehr hat die finanzielle und ideologische Unterstützung oppositioneller Gruppen vor allem durch das EU-Programm der Östlichen Partnerschaft zu wachsender Instabilität und Spaltung in einigen dieser Staaten geführt. Das deutsch-französische Tandem ist auch derzeit nicht in der Lage, eine führende

[19] Siehe: »Putinversteher vs Ukrainefreunde«, tageszeitung, 25.2.22.

Rolle bei der Befriedung des russisch-ukrainischen Konflikts zu spielen. Darüber hinaus hat die Bundesregierung Deutschlands Rolle als neutraler Mittler in internationalen Konflikten nahezu aufgegeben und dafür die Kosten dem unbeteiligten deutschen Volke aufgetragen, das nun mit Preissteigerungen und einer unsicheren Energieversorgung konfrontiert ist« (afdbundestag.de/friedensinitiative-ukraine/).

Beschworen wird in allen rechten Stellungnahmen zum Ukrainekrieg eine Staatsräson, die durch die herrschende Politik verraten bzw. missachtet wird. Der Schaden für das Vaterland und die souveräne Gestaltung der nationalen Staatsmacht ist der zentrale Kritikpunkt, den die Rechten im Falle des Ukrainekrieges geltend machen und der ihnen spiegelbildlich den Vorwurf einträgt, propagandistischer Handlanger Putins zu sein (so z.B. der Grüne Trittin) und einen völkerrechtswidrigen Krieg zu verteidigen. So kämpft im Falle der Rechten eine Kriegsmoral, die sich zur bedingungslosen Solidarität mit dem angegriffenen Volk der Ukraine aufgerufen sieht, mit einer deutschen Nationalmoral eines seine eigenen Interessen bestimmenden Vaterlandes, das im Falle der Ukraine nur als Handlanger der Amerikaner agieren soll und für das ein nationaler Ertrag aus dem Krieg nicht in Sicht sei.

9. Der Ukrainekrieg und der Streit in der Linken: Frieden schaffen mit mehr oder weniger Waffen?

Der Ukrainekrieg ist nicht der erste Fall, bei dem diejenigen, die den Frieden wollen und sich zu ihm bekennen, im Krieg ein Mittel der Friedenssicherung sehen. Die Einsicht, dass das Militär kein Mittel darstellen kann, Kriegstote zu verhindern, war in der pazifistischen Bewegung immer mit der vertrauensvollen Unterstellung verbunden, dass der Staat, der das Militär zu seinem Mittel macht, eigentlich an der Erhaltung des Friedens arbeitet und daran interessiert ist. Diese ideologische Trennung des Mittels Militär von seinem staatlichen Verwendungszweck erlebte 1999 im Jugoslawienkrieg eine Wendung, als aus den grünen Pazifisten plötzlich glühende Bellizisten wurden, die im Krieg das probate Mittel sahen, »unschuldige Opfer« und »vergewaltigte Frauen« vor mordenden Kriegsverbrechern zu schützen. Der NATO-Einsatz gegen die bosnischen Serben, mit dem die Bundeswehr zu ihrem ersten Kampfeinsatz fand, avancierte in dieser Sichtweise zur Dienstleistung eines verantwortungsbewussten Humanismus, der den Tod vieler Unschuldiger zu verhindern trachtet, und fand seine Fortsetzung im völkerrechtswidrigen Angriffskrieg gegen Serbien zum Schutz eines kosovarischen Separatismus.

Auch der Ukrainekrieg liefert der Linken und den ehemals Friedensbewegten wieder einen Anlass, sich über das angemessene Verhältnis von Pazifismus und Bellizismus auseinanderzusetzen. Dabei dominieren die Stimmen derjenigen, die zugunsten einer an humanistischen Werten orientierten Kriegsführung bereit sind, der Ukraine mit allem, was sie hierfür braucht, an die Seite zu treten.

Der Parteivorstand der Linken hat im Dezember 2022 einen Beschluss gefasst, der unter dem Titel »Für eine Verhandlungsperspektive – Schritte zur Deeskalation im Ukrainekrieg« das Narrativ vom »verbrecherischen« Krieg (wörtlich: »verbrecherischer Charakter des Putin-Regimes«) aufnimmt und die Meinung vertritt, dass deutsche Waffenlieferungen diesen Krieg nicht beenden werden. Der Beschluss konkretisiert: »Die russische imperialistische Aggression muss aufgehalten werden. Gleichzeitig darf der Westen auf den Rückgang der globalen Dominanz der westlichen Führungsmacht USA nicht mit der Wiederbelebung von militärischer und ökonomischer Blockkonfrontation reagieren, sondern muss initiativ werden für Abrüstung und Entspannungspolitik, für gerechte Weltwirtschaftsstrukturen, für zivile Konfliktlösungen und die Sicherstellung und Anerkennung der Menschenrechte« (Die Linke, 17.12.2022, Beschluss 2022/311).

In einer Situation, in der der »Westen« seine Entschlossenheit bekundet, den russischen Angriffskrieg mit einem stellvertretenden Verteidigungskrieg zu kontern, der an Eskalationsstufen keine Wünsche offenlässt, soll aus Sicht der Linken die friedensstiftende Funktion dieses Subjekts auf besondere Weise gefordert sein. In geradezu verstörender Abstraktion von allen öffentlich bekundeten Kriegszwecken, den hierfür vorhandenen (und seit Jahren systematisch fortentwickelten) Kriegsmitteln und der Unbedingtheit, mit der die Ukraine als Garant für Frieden und Freiheit munitioniert wird, beschwört die Linke die NATO oder wen auch immer, mit Abrüstung und Entspannungspolitik endlich ernst zu machen. Als sei es verboten, außer humanistischen Idealen noch andere Überlegungen ins Spiel zu bringen – die etwa die Frage aufwerfen könnten, warum der Westen ein so entschiedenes Desinteresse an Friedensverhandlungen hat, jedenfalls solange die von Selenskyj geforderte russische Kapitulation nicht zum Verhandlungsgegenstand wird –, beschwört die Linke das Ende einer »Blockkonfrontation«, die gerade von der Ukraine mit Hilfe der NATO auf ganz andere Weise zu Ende gebracht werden soll.

Dieser Moralismus mit seinem von allem tatsächlichen Geschehen absehenden Appell an Gerechtigkeit und Frieden geht manchen Linken auf die Nerven, da er nicht umstandslos zur Bejahung der NATO-Linie führt, sondern mit der Forderung nach Frieden Zweifel an der Feindbekämpfung aufkommen lässt. Die Vertreter*innen dieser Linie fordern von der gesamten Linken mehr Realismus und ehrliche Debatten. Nach Ansicht von Thüringens Ministerpräsident Bodo Ramelow (Linke) sollte die angekündigte Aufstockung der Gelder für die Bundeswehr breit diskutiert werden. »Ich wünsche mir und erwarte eine gesellschaftliche Debatte über diesen Vorstoß zur Aufrüstung unseres Landes«, erklärte Ramelow.[20] Ferner betonte er, die Verteidigungsfähigkeit der Ukraine zu unterstützen sei »legitim«. Ebenso seien harte und wirksame Sanktionen gegen die Oligarchen um den russischen Präsidenten Wladimir Putin nötig.

Der frühere Fraktionschef Gregor Gysi verwies auf ein »Selbstverteidigungsrecht überfallener Länder«.[21] Aber Deutschland sollte aus seiner Sicht viel zurückhaltender bei Waffenliefe-

---

[20] »Lernt die Linke aus diesem Krieg?«, Zeit-Online, 9.3.2022.

[21] »Kleinkrieg in der Linksfraktion«, nd-aktuell, 1.3.2022.

rungen sein, möglichst den Waffenexport überhaupt ausschließen. Denn Deutschland habe eine »besondere Geschichte«. Offensichtlich falsch findet Gysi jedoch Forderungen, wonach auch Linke in anderen Ländern Waffenlieferungen an die Ukraine ausschließen sollten. »Was mich entsetzt an eurer Erklärung, ist die völlige Emotionslosigkeit hinsichtlich des Angriffskrieges, der Toten, der Verletzten und dem Leid«, so Gysi. Die Gruppe um Wagenknecht sei nur daran interessiert, ihre »alte Ideologie in jeder Hinsicht zu retten. Die NATO ist böse, die USA sind böse, die Bundesregierung ist böse und damit Schluss für euch«.

Die ehemalige Vorsitzende der Linken, Susanne Hennig-Wellsow, kommt aus dem Grübeln gar nicht mehr heraus. »Man kann nicht an ›Wahrheiten‹ festhalten, die von Panzern und Raketen zermalmt wurden«.[22] Welche der in Anführungszeichen gesetzten Wahrheiten genau sie meinte, schrieb sie nicht. Doch es finden sich Andeutungen in ihrem Text. Ihre Bedenken bedeuteten nicht, »die Kritik an gefährlicher Aufrüstung einzustellen, es bedeutet aber wohl, der Lage angemessene konkrete Vorstellungen zu entwickeln«. Hennig-Wellsow hat offenbar zumindest mit dafür gesorgt, dass in der Bundestagsfraktion über außenpolitische Grundpositionen diskutiert wird. Dies hatte sie angekündigt und dabei mitgeteilt, sie selbst sei in Sachen Waffenlieferungen »unentschieden« ...

Im Kapitel über die »moralische Weltanschauung« in der »Phänomenologie des Geistes« formuliert Hegel einen Einwand gegen Kants Postulatenlehre, der in der These mündet, »dass es kein moralisch Wirkliches gibt.« Nachdem er das moralische Bewusstsein dahin gehend bestimmt hat, dass ihm die »Pflicht als das Wesen« gilt und es dabei erfahren muss, »dass die Natur unbekümmert darum ist, ihm das Bewusstsein der Einheit seiner Wirklichkeit mit der ihrigen zu geben« (Hegel 1973: 434f.), schlussfolgert er, dass »das moralische Bewusstsein [...] nicht auf die Glückseligkeit Verzicht tun und dies Moment aus seinem absoluten Zweck

---

[22] »Wir müssen reden«, Links bewegt – Das Online-Magazin der Linken, 4.3.2022.

weglassen« kann. So in etwa muss man sich die moralische Auseinandersetzung in der Linken vorstellen, in der beide Seiten (ohne sich um die »Natur« oder: die Wirklichkeit zu kümmern) an ihrer Pflicht, mehr Gutes in die Welt zu bringen, festhalten und sich dabei von der Wirklichkeit nicht belehren lassen, weil das Festhalten an der Glückseligkeit ihr Denken bestimmt.

Als ob Hegel den moralischen Diskurs in der Linken vor Augen gehabt hätte, äußert er sich zu den normativen Postulaten, die zu dieser Sorte des Denkens dazugehören und macht auf deren grundlegenden Widerspruch aufmerksam: »Es wird eigentlich gesagt werden müssen, dass die bestimmte Vorstellung nicht interessieren und nicht gesucht werden soll, weil dies auf Widersprüche führt, - einer Aufgabe, die Aufgabe bleiben und doch erfüllt werden, einer Moralität, die nicht Bewusstsein, nicht wirklich mehr sein soll. Durch die Betrachtung aber, dass die vollendete Moralität einen Widerspruch enthielte, würde die Heiligkeit der moralischen Weisheit leiden und die absolute Pflicht als etwas Unwirkliches erscheinen« (ebd.: 447).

Die gegenständliche Welt als störend für das eigene Bewusstsein zu erachten und die Heiligkeit der moralischen Weisheit (Gerechtigkeit, Frieden, Abrüstung, Menschenrechte usw.) mit den immer gleichen Postulaten aufrechterhalten – besser kann man eine Auseinandersetzung von (ehemaligen) Kapitalismuskritikern kaum charakterisieren. Die Widersprüchlichkeit dieser Postulate – sie gelten absolut, aber die Welt richtet sich einfach nicht nach ihnen – wird durch immer neue Varianten des Festhaltens an der moralischen Pflicht fortgesetzt, sodass eine politische Absurdität um Anerkennung ringt: noch mitten im Krieg die Staaten, die ihn führen, anzurufen, doch damit aufzuhören, weil Kriegsführung ja eigentlich nicht ihr Wille ist.

Es gehört zu den Eigentümlichkeiten moralischer Diskurse, dass die Moral, die ja Ausdruck des Selbstbewusstseins ist, als Unmoral diskreditiert wird, weil ihr eine andere Moral als überlegen gegenübersteht. So in etwa ergeht es Sahra Wagenknecht und Alice Schwarzer, die in ihrem gemeinsamen Aufruf der Sache des Friedens neuen Aufschwung verleihen wollen und hierfür von zahlreichen Prominenten – von Habermas oder Butterwegge über dissidente SPDler und Grüne bis zu CSU-Gauweiler und dem AfD-Vorsitzenden Chrupalla – unterstützt wurden. In dem Aufruf heißt es: »Verhandeln heißt nicht kapitulieren. Verhandeln heißt, Kompromisse machen, auf beiden Seiten. Mit dem Ziel, weitere Hunderttausende Tote und Schlimmeres zu verhindern. Das meinen auch wir, meint auch die Hälfte der deutschen Bevölkerung. Es ist Zeit, uns zuzuhören! Wir Bürgerinnen und Bürger Deutschlands können nicht direkt auf Amerika und Russland oder auf unsere europäischen Nachbarn einwirken. Doch wir können und müssen unsere Regierung und den Kanzler in die Pflicht nehmen und ihn an seinen Schwur erinnern: ›Schaden vom deutschen Volk wenden‹. Wir fordern den Bundeskanzler auf, die Eskalation der Waffenlieferungen zu stoppen. Jetzt! Er sollte sich auf deutscher wie europäischer Ebene an die Spitze einer starken Allianz für einen Waffenstillstand und für Friedensverhandlungen setzen. Jetzt! Denn jeder verlorene Tag kostet bis zu 1.000 weitere Menschenleben – und bringt uns einem 3. Weltkrieg näher« (Schwarzer/Wagenknecht 2023).

Die grüne Außenministerin, deren Hauptberuf darin besteht, Schaden vom deutschen Volk abzuwenden, kann sich über eine derartige Form von Moral nur empören. Sie kontert: »Und all diejenigen, die sagen, Waffen müssen nur schweigen, weil dann haben wir Frieden, möchte ich sagen: Was ist das für ein Frieden, wenn man unter russischer Besatzung leben muss, jeden Tag die Sorge hat, dass man kaltblütig ermordet, vergewaltigt oder als Kind sogar verschleppt wird?« (Baerbock zit. nach: »Berliner Zeitung«, 11.2.2023).

Baerbock wendet Schaden vom deutschen Volk ab, indem sie den ukrainischen Staat in die Lage versetzt, möglichst viele russische Soldat*innen umzubringen, damit diese nicht die ukrainischen Kinder verschleppen und deren Mütter vergewaltigen. Es gab einmal Zeiten, da wären solche zynischen Einlassungen auf eine gewisse öffentliche Irritation gestoßen – gegenwärtig gelten sie als offizielle Zurückweisung einer Friedensinitiative, die sich durch ihre moralische Niederträchtigkeit selbst desavouieren soll.

Dass Kriege, wo immer sie auch stattfinden, militärische Auseinandersetzungen zwischen Staaten sind, die gegensätzliche Absichten und Zwecksetzungen haben und das militärische Kräftemessen dazu nutzen, ihre Staatsagenda gewaltsam durchzusetzen, ist für die Linke kein zureichendes Urteil. Ohne eine Unterscheidung von »guten« und »bösen« Zielsetzungen ist für sie die Beurteilung eines Krieges nicht realistisch genug und sie halten es für eine realitätsangemessene Überwindung alter Ideale, wenn sie ihre Friedensvorstellungen den Gegebenheiten militärischer Auseinandersetzungen anpassen. Eine Kritik des Krieges, in dem das regierte Volk als nationales Futter staatlicher Durchsetzungsansprüche behandelt wird, wird von einem Großteil der Linken als »traditionelles Denken« gebrandmarkt. Man streitet sich lieber darüber, ob und in welcher Form Waffenlieferungen gut oder böse sind.

10. Fazit: Der Ukrainekrieg und was sich daraus lernen ließe

Mit dem Ukrainekrieg und der von ihm – angeblich sachzwangmäßig – ausgelösten »Zeitenwende« hat sich in Kürze eine Kriegsmoral durchgesetzt, die die neuen Zeiten beinahe euphorisch als Beendigung der westlichen Agonie des Zauderns und Zögerns begrüßt. Militarisierung, erfolgreiche Kriegsführung, innere Feindbekämpfung und eine unverbrüchliche Partnerschaft mit den Freiheitskämpfern der Ukraine geben den Ton an und abweichende Meinungen werden immer weniger toleriert. Die Kriegsmoralisten retten vergewaltigte Frauen und geschändete Kinder durch die Mittel moderner Kriegsführung, sie halten Forderungen nach Streu- und Phosphorbomben zumindest für erwägenswert, sie stellen Kritikern schon beinahe fassungslos die Frage, ob denn Russland zu einem Frieden bereit sei, und sie sind kein bisschen irritiert, wenn nach einer von den USA angekündigten Außerkraftsetzung einer russischen Pipeline der Verdacht ventiliert wird, der eingetretene Schadensfall ginge aufs Konto der Russen. Putin tötet und mordet, lautet die Botschaft und seine

Bösartigkeit wird manifest, wenn er von Sicherheitsinteressen fantasiert, die ihm der Westen angeblich verweigert.

Die Unerbittlichkeit, mit der sich das Gute, das der »freie Westen« repräsentiert, die Schädigung und Vernichtung des Bösen zur Aufgabe macht, das im östlichen Aggressor mit seiner ganzen Brutalität zutage treten soll, ist beängstigend und doch Realität. Aus dieser Unerbittlichkeit lässt sich einiges lernen:

Im Krieg soll nicht die Sache zählen, um die es geht, also die geostrategischen Überlegungen und die auf Eingrenzung und Schädigung feindlicher Mächte ausgerichteten Verteidigungsstrategien, sondern die Frage, wer *angefangen* hat. Dass ein Kriegsbündnis wie die NATO eine internationale Vereinbarung nach der anderen storniert, bis vor die Haustür des erklärten Feindes seine Vorwärtsverteidigung vorantreibt und dessen Nachbarland zu einem feindlichen Gegenüber aufpäppelt, ist geschenkt. Dass Russland mit seinem Angriffskrieg das Völkerrecht bricht (was nach eigener Aussage der ehemalige Bundeskanzler Schröder mit dem Kosovokrieg ebenfalls tat),[23] macht aus Sicht der Kriegsmoralisten diesen Staat zum Terrorstaat, dem unsere ganze Verachtung zu gelten hat. Jeder Hinweis darauf, dass dieser Krieg nicht vom Himmel gefallen ist, Gründe hat und Interessen im Spiel sind, die mit Moral recht wenig zu tun haben, gilt als potenzielles Feindverständnis.

Lernen ließe sich auch einiges über die Rolle einer Öffentlichkeit und eines Wissenschaftsbetriebes, für die das Wort Propaganda nur da Gültigkeit hat, wo Regime als totalitär oder autokratisch eingestuft werden. Stattdessen betreiben sie aus vollster Überzeugung Aufklärung im nationalen Interesse, achten dabei auf die Maßstäbe publizistischer Ausgewogenheit und wissenschaftlicher Methodik und sind Parteigänger des ukrainischen Volkes, das seine Freiheit mit seinen Toten verteidigt. Die westlichen Werte von freedom & democracy, die sonst stets mit Blick auf ihre Gültigkeit kritisch hinterfragt werden dürfen, sind die

---

[23] Siehe: »Der Kosovo-Krieg markiert eine gravierende Zäsur«, NachDenkSeiten, 26.3.2019.

unumstößlichen Leitplanken des öffentlich zu Denkenden und Amerika ist – Trump hin oder her – der Leithammel des seine Werte verteidigenden Westens. Es ließe sich auch lernen, dass die Moral, die bei dieser Parteilichkeit im Spiel ist, manchmal hemmungslos macht und Journalistinnen in Panzer kriechen lässt, wobei anscheinend das Glücksgefühl funktionierender Haubitzen schon das Vergnügen vorwegnimmt, dass diese beim Umbringen des Feindes erzeugen.

Es ließe sich auch lernen, wie schnell ein Staat, der noch bis vor Kurzem als korrupt galt und als Failed State gerankt werden konnte, zum Bannerträger der Freiheit avanciert und mit seinem unbedingten Willen, Leib und Leben seiner Bevölkerung für seine territoriale Integrität zu opfern, zum Vorzeigesubjekt gelungener Selbstbehauptung stilisiert wird. Ein Ex-Clown, der die Klaviatur des Medialen beherrscht, gibt dem »freien Westen« vor, was er für seine Verteidigung braucht, und er scheut dabei selbst vor dem Griff nach Streubomben und Langstreckenraketen nicht zurück. Das trägt ihm keineswegs den Ruf ein, durchgeknallt zu sein, sondern macht ihn zum gefeierten Star der vielen Staatszusammenkünfte, in denen weitere Schritte zur Erledigung des Feindes auf der Tagesordnung stehen. Dass die Ukraine Mittel eines Stellvertreterkrieges ist, kehrt sich aus Sicht dieses Staatsmanns um, wenn er denjenigen, an deren Tropf er hängt, die Leviten liest, ihre Zurückhaltung bei der Waffenbeschaffung geißelt und den Sieg über Russland verkündet, den die Zauderer und Zögerer womöglich hintertreiben.

Lernen ließe sich auch etwas über die Weltmacht USA und ihren deutschen Bündnispartner. Amerika und sein Präsident beanspruchen mit der größten Selbstverständlichkeit der Welt den Führungsanspruch seines Staates für das Vorgehen gegen Russland und den Chef im Weißen Haus kümmern die Souveränitätsrechte seines Partners hierbei herzlich wenig.[24] Der deutsche

---

[24] Im Februar 2022 verkündete Biden im Beisein des deutschen Bundeskanzlers, dass es im Falle einer russischen Intervention in die Ukraine Nord-Stream 2 nicht mehr geben werde. Auf die Frage, wie er das

Bündnispartner, der lange Zeit versucht hat, seine Treue zur amerikanischen Nation mit einigen ökonomischen Sonderwegen bei der Förderung seines Exportkapitalismus zu kombinieren, erweist sich als williger Mitmacher beim Sanktionsregime, bürdet seiner Bevölkerung erhebliche wirtschaftliche Einschränkungen auf und begibt sich so schnell es geht an die Front der Putinbekämpfer. Der deutsche Imperialismus, der nie so eindringlich auf eine europäische Alternative gedrungen hat wie Frankreichs Macron, nutzt seine Abhängigkeit von der amerikanischen Weltmacht, um in der neuen Weltordnung weiter an vorderster Front mitzuspielen. Er kämpft um eine neue Führungsrolle, die Frankreich, das ja keine »Macht in der Mitte« ist, schon traditionell nicht zusteht. Eine Kriegsmacht Europa ist, so die Vorstellung, nur unter deutscher Führung strategisch souverän. Die immer weiter um sich greifende Russenfeindschaft, die einigen herausragenden Kulturträgern dieses Staates den Job kostet, ist Beifang.

Lernen ließe sich auch einiges über das Verhältnis, das demokratische Staaten zu dem von ihnen gepflegten und geförderten Kapitalismus einnehmen. Mit der Souveränität ihrer Rechtsgewalt setzen sie erfolgreiche Geschäftsmodelle außer Kraft, schaden den Akkumulationsbedürfnissen ihrer Unternehmen und riskieren den Verlust bedeutender Teile ihres gesellschaftlichen Reichtums. Von wegen Neoliberalismus und Suprematie des Marktes: Der Staat erweist sich als die seine Gesellschaft regierende und dominierende Gewalt, die das gesamte gesellschaftliche Leben auf die Notwendigkeiten der Aufrüstung und Kriegsbereitschaft verpflichtet. Und wer jetzt noch nach einem gerechteren Sozialstaat ruft, dem ist wahrscheinlich nicht mehr zu helfen.

Lernen ließe sich auch noch etwas über das Verhältnis von Moral und Gewalt. Aus den Gutmenschen, die Rechte unterdrückter Minderheiten achten, aus identitätspolitisch Aufgeklärten, die die plurale und diverse Gesellschaft fordern, werden

---

bei einem Projekt unter deutscher Kontrolle bewerkstelligen wolle, sagte Biden: »Ich verspreche Ihnen, dass wir es schaffen werden« (ZDF heute, 8.2.2022).

ohne viel Federlesen Verteidiger von Militarismus, Aufrüstung und Ankläger eines »Lumpenpazifisms«, denen gar nicht genug staatliche Gewaltmittel zur Durchsetzung des kriegsmoralisch Gebotenen bereitgestellt werden können. Die Gewalt ist die Schwester der Moral und Moralisten verachten all jene, die eine Kritik an Gewalt und den Subjekten haben, die sich diese zum Mittel machen. Man lernt daraus, wie wenig der Blick in die Geschichte hilft: Heute sind Militarismus und Kriegsfanatismus etwas ganz anderes als damals. Und das hat einen Grund: Sie dienen der guten Sache.

Der Ukrainekrieg, so lässt sich bilanzieren, bestätigt und verändert die vom Westen verantwortete Weltordnung. Die Russen wollten sich darin behaupten und ihren Kapitalismus nach ihren Maßstäben erfolgreich machen. Die Qualifizierung ihres Staates als »Regionalmacht« erfordert aus ihrer Sicht eine Korrektur, die die globale Handlungsfähigkeit des russischen Staates (wieder) herstellt. Hierzu gehört auch die Verantwortung für die Russen und deren Anspruch auf eine völkische Heimat. Ob dieses Russland seinen Krieg gewinnen kann, ist deshalb gar nicht die Frage. Der Westen bestimmt die Konditionen, nach denen dieser Krieg entschieden wird, und der Preis, der dafür zu zahlen ist, stellt eine der Unwägbarkeiten dar, mit denen in Ost und West derzeit gerechnet wird.

Damit lässt sich schlussendlich auch etwas über den Frieden lernen. Denn außer einigen Friedensbewegten geht es keiner der beteiligten Parteien um ihn. Amerika und seine Bündnispartner sehen im Krieg die Chance, die Russen entscheidend zu schwächen, Präsident Biden erklärt mit aller Deutlichkeit, dass Amerika die Annexion der Krim niemals anerkennen werde, der NATO-Generalsekretär Stoltenberg verkündet die NATO-Mitgliedschaft der Ukraine »zu einem späteren Zeitpunkt« und der deutsche Bundeskanzler betont wiederholt, dass Russland diesen Krieg nicht gewinnen dürfe. Die Ukraine teilt der Öffentlichkeit mit, dass das Abkommen von Minsk Geschichte sei und niemals wieder auf die Tagesordnung gesetzt werden könne, die Krim stattdessen zurückerobert werden müsse. Der russische

Präsident pocht auf die Sicherheitsinteressen seines Landes und warnt vor einer Zerstückelung seiner Nation. Usw.

Alle beteiligten Parteien betreiben also mit immer weiter gesteckten Zielsetzungen ihren Krieg. Der Westen munitioniert die Ukraine »mit allem, was sie braucht«, wie die gängige Formulierung von Biden, Scholz und Co. heißt – und ob die Russen einen Atomkrieg anzetteln, schreckt immer weniger. Frieden? Der wird sicher irgendwann kommen. Auf Basis des erreichten Kräfteverhältnisses werden sich dann neue Kriegsziele entwickeln und die Friedensordnung vor immer neue Herausforderungen stellen. Auf diese wird sich in der Konkurrenz der beteiligten Staaten schon kräftig vorbereitet und darauf geachtet, gestärkt auch aus diesem Krieg hervorzugehen. Deshalb kann man aus diesem Krieg auch lernen, dass es mit dem Wunsch nach Frieden nicht getan ist.

Literatur

Auernheimer, Georg (2023): Der Ukraine-Konflikt – Wie Russlands Nachbarland zum Kriegsschauplatz wurde. Berlin

Aust, Martin (2019): Die Schatten des Imperiums – Russland seit 1991. München

Aust, Hermann Philip (2023): Russland hat jegliches Vertrauen verspielt. Aus dem Völkerrecht lässt sich keine Verhandlungspflicht der Ukraine herleiten: Eine Replik auf Reinhard Merkel. In: FAZ, 1.2.

Baerbock, Annalena (2023): Unterwerfung ist kein Frieden. In: Merkur, 24.2., www.merkur.de

Büscher, Wolfgang (2011): Hartland – Zu Fuß durch Amerika. Berlin

Charrier, Landry (2023): Gebrochene Achse, in: IPG 3, 20.3., hrsg. von der Friedrich-Ebert-Stiftung

Creuzberger, Stefan (2022): Das deutsch-russische Jahrhundert – Geschichte einer besonderen Beziehung. Hamburg

Dreier, Ralf (1981): Recht – Moral – Ideologie, Studien zur Rechtstheorie. Frankfurt am Main

Fücks, Ralf (2022): Die Verkehrung von Opfer und Täter ist in vollem Gange, Spiegel Ausland, 13.7.

Gebauer, Matthias u.a. (2017): So schwach ist die NATO, Spiegel Online, 21.10.

Glatz, Rainer L./Zapfe, Martin (2017): Ambitionierte Rahmennation: Deutschland in der Nato – die Fähigkeitsplanung der Bundeswehr und das »Framework Nations Concept«. SWP-Aktuell, Nr. 62

Guérot, Ulrike/Ritz, Hauke (2022): Endspiel Europa – Warum das politische Projekt Europa gescheitert ist und wie wir wieder davon träumen können. Frankfurt a.M.

Hegel, Georg Wilhelm Friedrich (1973): Grundlinien der Philosophie des Rechts. Frankfurt a.M.

Hegel, Georg Wilhelm Friedrich (2017): Phänomenologie des Geistes. 17. Auflage, Frankfurt a.M.

Jobst, Kerstin (2015): Geschichte der Ukraine. Ditzingen

Kant, Immanuel (1977): Grundlegung der Metaphysik der Sitten. Frankfurt a.M.

Kelsen, Hans (1977): Die Rechtsordnung als hierarchisches System von Zwangsnormen, in: Hoerster, Norbert (Hrsg.): Recht und Moral. Texte zur Rechtsphilosophie. München, S. 21–38

Kleine-Hartlage, Manfred (2022): Tödliche Torheit. Der Krieg in der Ukraine und das Desaster der deutschen Politik. Schnellroda

Kujat, Harald (2023): Ukrainekonflikt: »Jetzt wäre der richtige Zeitpunkt, die abgebrochenen Verhandlungen wieder aufzunehmen«, Zeitgeschehen-im-fokus.ch, Januar

Lafontaine, Oskar (2022): Ami, it's time to go! Plädoyer für die Selbstbehauptung Europas. Frankfurt a.M.

Lehnert, Eric (2022): Zur Lage in der Ukraine. In: Sezession, Nr. 2, sezession.de

Lobo, Sascha (2022): Der deutsche Lumpenpazifismus, Spiegel-Netzwelt, 20.4.

Lübkemeier, Eckhard (2020): Europa schaffen mit eigenen Waffen? Chancen und Risiken europäischer Selbstverteidigung. Stiftung Wissenschaft und Politik, Berlin

Major, Claudia/Mölling, Christian (2022): Europas neue (Un-)Sicherheit. Von der Friedens- zur Konfliktordnung. In: Beilage zum Parlament – Aus Politik und Zeitgeschichte, Nr. 28–29, S. 10–15

Major, Claudia/Swistek, Göran (2022): Die Nato nach dem Gipfel von Madrid: Norderweiterung, neues Strategisches Konzept und militärische Neuaufstellung. In: SWP-Aktuell, Nr. 49

Mappes-Niedick, Norbert (2022): Krieg in Europa – Der Zerfall Jugoslawiens und der überforderte Kontinent. Berlin

Masala, Carlo (2022): Weltunordnung – Die globalen Krisen und die Illusionen des Westens. 4. Auflage. München

Mergener, Hans-Uwe (2022): Strategische Verschiebung: Die Ostsee wird zur NATO-See. In: Europäische Sicherheit & Technik, 8.8.

Möllers, Christoph (2020): Freiheitsgrade – Elemente einer liberalen politischen Mechanik. Berlin

Münkler, Herfried (2015): Macht in der Mitte – Die neuen Aufgaben Deutschlands in Europa. Hamburg

Münkler, Herfried (2022): Die Europäische Nachkriegsordnung – Ein Nachruf. In: Beilage zum Parlament – Aus Politik und Zeitgeschichte, Nr. 28-29, S. 4–9

Röttgen, Norbert (2022): Nie wieder hilflos! Ein Manifest in Zeiten des Krieges. München

Rude, Matthias (2023): Die Grünen – Von der Protestpartei zum Kriegsakteur. Berlin

Sasse, Gwendolyn (2022): Der Krieg gegen die Ukraine – Hintergründe, Ereignisse, Folgen. München

Schadt, Peter (2023): Die Einzelne und ihr Eigensinn. In: Junge Welt, 19.1., S. 12–13

Schillo, Johannes (2022): Ein nationaler Aufreger – Zur Kritik der Erinnerungskultur. Ulm

Schröter, Susanne (2022): Global gescheitert? Der Westen zwischen Anmaßung und Selbsthass, Freiburg

Schwarzer, Alice/Wagenknecht, Sahra (2023): Manifest für Frieden, www.change.org/p/manifest-f%C3%BCr-frieden

Selenskyj, Wolodimir (2022): Botschaft aus der Ukraine. München

Strack-Zimmermann, Marie-Agnes (2022): Streitbar: Was Deutschland jetzt lernen muss. München

Strategisches Konzept der NATO (2022): Auswärtiges Amt, 29.6.

von Dohnanyi, Klaus (2022): Nationale Interessen – Orientierung für deutsche und europäische Politik in Zeiten globaler Umbrüche. München

von Fritsch, Rüdiger (2022): Zeitenwende – Putins Krieg und die Folgen. Berlin

von Kirchbach, Peter (2016): Patriotismus heute – Definition eines zu Unrecht diskreditierten Begriffs. Bundesakademie für Sicherheitspolitik, Arbeitspapier Sicherheitspolitik, Nr. 26, baks.bund.de

Wagner, Jürgen (2022): Im Rüstungswahn – Deutschlands Zeitenwende zu Aufrüstung und Militarisierung. Köln

Wohlfahrt, Norbert (2022): Revolution von rechts? Der Antikapitalismus der Neuen Rechten und seine radikalpatriotische Moral. Hamburg

Zentrum Liberale Moderne (2022): Das Schweigen der Linken zum russischen Neoimperialismus, 7.2., libmod.de

Zhernakow, Mykhaila (2020): Justizreform in der Ukraine: festgefahren, angeschlagen und aufgegeben. In: Ukraine verstehen, 3.6.

Websites

German foreign policy – Informationen zur deutschen Außenpolitik: www.german-foreign-policy.com/

NachDenkSeiten – Die kritische Website: www.nachdenkseiten.de/

Overton-Magazin – Krass & Konkret: overton-magazin.de

Scharf links – Online-Zeitung: www.scharf-links.de/

Telepolis: www.telepolis.de/

VSA: Gegen Kriegsmentalität

Wolfgang Müller
China: neuer Hauptfeind des Westens?
Nach 100 Jahren Erniedrigung will das Land der Welt auf Augenhöhe begegnen
160 Seiten | € 14.80
ISBN 978-3-96488-174-8
Vom Chip- und Wirtschaftskrieg zur direkten militärischen Konfrontation?

Prospekte anfordern!
VSA: Verlag
St. Georgs Kirchhof 6
20099 Hamburg
Tel. 040/2809 5277-0
Fax 040/2809 5277-50
info@vsa-verlag.de

Walter Baier/Peter Brandt/Lühr Henken/Uwe Hiksch/Barbara Majd-Amin/Michael Müller/Peter Wahl u.a.
Krieg bis zur Erschöpfung?
Gegen Aufrüstung und Militarisierung
160 Seiten | € 14.80
ISBN 978-3-96488-167-0
Wohin führt der Krieg zwischen Russland und der Ukraine? Die Entsorgung der Entspannungs- und Friedenspolitik im Kontext der »Zeitenwende« sowie die damit verbundene wachsende Kriegsrhetorik allerorten ist nicht nur eine politische Sackgasse, sondern brandgefährlich.

www.vsa-verlag.de